不會累
也不會喘！

有效
燃燒脂肪！

強筋
又活腦！

會上癮的
慢跑法！

ゆっくり走れば健康になる

驚人的超慢跑瘦身法

very slow jogging

梅方久仁子____著

游韻馨____譯

Contents

目 錄

ゆっくり走れば健康になる

推薦序 每天跑步30分鐘，治百病，健康又瘦身——18
作者序 不累不喘的「超慢跑」，有驚人奇效！——21

第1章 不一樣的慢跑運動

◎ **不是懶得運動、沒毅力，是你選錯運動！**——26
「慢跑」很痛苦？其實，是你用錯方法！——27
◎ **龜速慢跑法，擺脫「不會運動」的惡夢**——30
老人、小孩、上班族，任何人都適合跑——30
走路輕鬆，無法大量燃燒脂肪——31
快走單調，無法長久維持——31
◎ **運動白癡也會愛上的「超慢跑」**——33
沒有運動細胞的人有福了！——34
◎ **「超慢跑」居然讓我瘦了！**——35
「超慢跑」讓我重拾運動的信心——35

跑步的喜悅，比什麼都快樂——36

◎跑越「慢」，效果越驚人——38

9分鐘跑完一公里的超慢速，輕鬆又愉快——38

輕鬆跑的大原則：找出自己的速度——39

日本科學證實，跑越慢，體力越好——40

◎真的只要「慢慢跑」，誰都做得到——42

體驗談1 因為「超慢跑」，我愛上運動了！——42

體驗談2 胖子也能輕鬆「超慢跑」！——43

體驗談3 像上癮般愛上「超慢跑」！——44

體驗談4 只是「試試看」，竟出現令人驚喜的效果——45

體驗談5 90公斤的中年男子，也能輕鬆跑完15分鐘——46

體驗談6 走路很吃力嗎？請體驗一次「超慢跑」吧！——47

體驗談7 把不可能變成可能——48

第2章

減重、活腦，「超慢跑」就對了！

◎ **有氧運動，效果最好！** —— 52

「有氧運動」才是健康的運動 —— 52

做有氧運動不會累，還能長時間輕鬆運動？ —— 53

有效運動，「持久力」是關鍵 —— 55

讓「慢跑」變成有氧運動，很簡單 —— 56

◎ **臨界速度越高，跑得越久** —— 58

慢還不夠，還要「極慢速」才行 —— 59

◎ **你還沒用過「超慢跑」瘦身嗎？** —— 60

熱量OUT！「超慢跑」燃燒脂肪效果極棒！ —— 60

「超慢跑」能增加卡路里的消耗 —— 62

腰腿零傷害，「超慢跑」為安全加分 —— 65

◎ **2倍力！「超慢跑」的驚人運動強度** —— 68

不知不覺，越來越健康——68
讓你有效維持健康的「好運動」——70
◎ **不用激烈運動，也能有效增加體力——72**
「氧的攝取量」決定運動的強度——72
溫和的運動，也能強身——74
看起來溫和的「超慢跑」，功效卻很強——75
◎ **慢慢跑，就能「活腦強筋」，預防老人痴呆症——76**
「超慢跑」解痠痛、保健康——76
疏解腦部壓力，跑就對了——77
怕流汗、嫌麻煩的人也會愛上這種運動方式——78
讓「超慢跑」變成健康的捷徑——79

第3章

「超慢跑」的跑步法大公開

◎ 不用任何裝備，隨時可以開始跑——84

還等什麼，就開始跑！——84
「跑的方式」與「運動強度」比慢跑鞋還重要——85
即使只有10分鐘，先跑跑看再說——87
第一次「超慢跑」，請這樣穿——88
「洋蔥式穿衣法」最適合超慢跑——90

◎**為自己選一雙舒適的慢跑鞋**——92
選好鞋的3大原則——92
慢跑鞋的選擇要點——94

◎**小步、定速，就這麼簡單**——95
一、二、三……，跑步之前，先做暖身運動——95
5大暖身操——96
3大拉筋操——98
準備好了嗎？開始跑吧！——99
「小小步」是超慢跑的祕訣——101
姿勢正不正確？不重要！——102

除了暖身操，「緩」身操也不能忘——103

◎ **最輕鬆的跑步姿勢大公開**——104

有效率的跑步姿勢——105

「超慢跑」重點 Step by Step——106

挺直腰背的小撇步——107

◎ **不可思議的極慢速**——108

一邊哼歌，一邊還能聊天的「超慢跑」——108

速度再慢，也沒關係——109

從「心跳」快慢找出你的運動步調——110

◎ **心跳數的測量法**——116

◎ **每天跑20～30分鐘，每週休息2天就夠了**——118

注意！缺乏運動會使肌力變差——118

「超慢跑」對關節負擔極小——119

◎ **該多久運動一次呢？**——122

別硬撐！運動20～30分鐘就夠！——123

各種工作者的運動建議——124
真的太忙，也可用「快走」代替「超慢跑」——126
先從每週1、2次開始，動起來吧！——127

第4章 「超慢跑」QA大解答

❶ 一定要在早上跑步，效果才最好嗎？——132
❷ 我家附近沒地方可以跑啊！——133
❸ 找不到空檔慢跑怎麼辦？——134
❹ 只要不是石頭或水泥路面，都是好跑道——136
❺ 在家裡用跑步機跑，也行？——137
❻ 路況太多，好難跑？——138
❼ 開始跑了，可以停下來嗎？——139
❽ 讓狗狗陪著你一起「超慢跑」吧！——140
❾ 「超慢跑」時要特別注意呼吸嗎？——141

10 跑太慢，會被笑啦！——142
11 「哈哈哈……怎麼跑這麼慢！」——143
12 上班制服配上慢跑鞋，能看嗎？——144
13 我不想當黑美人！——145
14 怕熱的人也能跑嗎？——146
15 天氣炎熱時跑出一身汗，好臭！——147
16 多運動，多喝水——148
17 飯後可以立即跑步嗎？——149
18 喝酒不跑步，跑步不喝酒——150
19 好痛！一跑步就痛，難道我不適合「超慢跑」？——151
20 鞋不合腳，後遺症不少——152
21 跑到大腿內側擦傷了！——153
22 腿軟了啦，是不是跑太多了？——155
23 我不跑，因為我不想要有蘿蔔腿——156
24 胸部太豐滿，跑起來不舒服——157

㉕ 跑著跑著，好擔心變成大花臉——158
㉖ 生理期來了也不怕！——159

第5章 7大守則，讓你健康「超慢跑」！

◎ 訂下目標，讓「超慢跑」成為一種生活習慣——164
守則1 「再跑一下好了」的想法絕對不能有——164
守則2 生活即跑步，跑步即生活——167
守則3 為自己紀錄，你會跑的更起勁——171
守則4 一個人跑很輕鬆，二個人跑更愉快——175
守則5 週年慶血拼的體力，就交給「超慢跑」吧！——177
守則6 給自己3週的時間——180
守則7 別怕，隨時都能重頭來過——183

Commend

推薦序

ゆっくり走れば健康になる

每天跑步30分鐘，治百病，健康又瘦身

本書「驚人的超慢跑瘦身法」之作者原本不喜歡運動，卻能成為慢跑健將，足見「超慢跑」具有神奇的魔力。

自我加入「台灣大腳丫長跑協會」已十餘年了，凡我參加過的跑步比賽，所獲得的獎牌榮耀與其背後種種的辛苦訓練，仍歷歷在目、彷若昨日。是什麼樣的原因讓我無論再忙也要堅持跑步長達數年之久；是什麼樣的理由讓我每說到跑步，我的眼睛就像國旗的國徽一樣散發出12道的光芒？跑步的話題很多，先來談談為什麼我要選擇跑步，以及大家選擇跑步運動並認同的最佳理由。

❶ **跑步是低消費的運動**：不需要參加健康俱樂部，也不需要昂貴的設備，只需一雙跑鞋。

❷ **跑步是最方便的有氧運動**：跑步是減輕壓力最有效的方法。不管任何時地，你都可以很方便地進行跑步。

❸ **跑步是深具彈性的運動**：你可以用自己的速度跑，可以單獨跑，也可以和大家一起跑，更可以在一天當中任何時間運動。

❹ **體重控制**：跑步能迅速燃燒卡路里。

❺ **健康的保障**：每天30分鐘的跑步是心臟血管保健最有效的方法。可治癒百病，瘦身美容，健康是任何財物都買不到的，擁有它勝過家財萬貫。

❻ **跑步適合全家人參與**：路跑賽都採分齡制，各種年齡都可以參賽。全家一起參與，並且可認識同好，結交好朋友。

流過汗的孩子不會倒

我們都知道水被太陽一照就蒸發了，只有跑步時，太陽照著水才會愈來愈多——所謂**「流汗賺的錢不會跑，流汗過的孩子不會倒」**，我希望藉由流汗讓大家體會跑步的好處，能夠保持好體力為自己的學業、事業打基礎。

今日的社會是高度競爭的社會，每個人面臨許多的困難與挑戰是難免的，**跑步與運動，不但讓我們增加身體機能的抵抗力，更可以永保青春與活力，促進新陳代謝還可以紓解壓力**，大家相聚一起、分享彼此的榮耀與跑步經驗。「好東西與好朋友分享、好時光與好夥伴共度。」這是我所秉持的信念，與大家分享！

台灣大腳丫長跑協會會長　**劉金書**

Foreword

作者序

ゆっくり走れば健康になる

不累不喘的「超慢跑」，有驚人奇效！

「超慢跑」是指一種以超乎想像的極慢速跑步的運動，它的速度與走路一樣，甚至更慢。

在極慢速下，任何人都不會感到痛苦，還能輕鬆跑步，享受「香汗淋漓」的暢快感。**而且一旦養成習慣，不知不覺中身體就會變健康，體力也會增強，讓你在日常生活中充滿活力。**

當然，如果你本來就是很喜歡運動，也很喜歡跑步的人，這本書更是非看不可。本書開宗明義說明，你或你的家人、朋友一直不喜歡運動的原因，並不是因為他們沒有毅力，而是一直沒有找到一項「自己體力可以負荷」的運動而已，而「超慢跑」正是一種能輕鬆體會到運動樂趣的絕佳嘗試。

現代人多數缺乏運動且體力不足，速度慢到驚人的超慢跑才是最適合的運動方法。**本書將徹底改變你對「慢跑」的刻板印象，任何人都能輕鬆勵行的超慢跑運動，不僅能有效瘦身，還能維持健康。**

感受四季的變化，慢慢跑步，真的是一件輕鬆又愉快的事情。希望這本書能讓更多人感受到這份喜悅。

梅方九仁子

第 1 章

不一樣的慢跑運動

不喘不累的龜速慢跑法，
功效驚人！

不是懶得運動、沒毅力，是你選錯運動！

「運動就是要忍受痛苦、很累很累？」如果你是能吃苦的人，當然沒問題，不過，大部份的人都是因為感覺太累，而不想動。

「我當然知道運動有益健康呀！可是，一想到運動後整個人會好累，就不想動了！」

如果你有這樣的想法，那麼請從現在開始改變。因為，你之所以會覺得運動很痛苦，並不是因為不善於運動，也不是因為你沒有毅力。純粹是因為你的體力「負荷不了」那個運動強度而已。

「適當強度」的運動其實是很舒服的，不但沒有喘不過氣的感覺，相反的，還能感受到溫暖血液流遍全身，讓人通體舒暢。

然而，哪一種運動強度，能讓人感受到這種舒暢感呢？這一點因個人體力不同而有差異。還記得嗎？在學生時代，每回上體育課，一群人一起運動，總會看到體力好的人做起來輕鬆，但是，體力差的人做沒多久就顯得氣喘吁吁。

即使運動專家建議：「照你自己的步調慢慢運動即可。」但對沒有運動習慣，又不喜歡大量流汗的人而言，實在很難找到自己喜歡並能接受的「運動步調」。最後的結果往往就是過度忍耐，讓「運動」成為痛苦的代名詞。

「慢跑」很痛苦？其實，是你用錯方法！

「每次慢跑，呼吸就會加速，到最後連100公尺也跑不了。」可能很多人都有這樣的經驗。

「我算是能跑的人，但因為太痛苦了，反而討厭慢跑。」我想有這種感覺的人也不在少數。

不過，之所以有這種結果，並不是因為你體力不足，而是你選擇了體力無法負荷的速度跑步。慢跑本來就是要慢慢地、輕鬆地跑。「因為太痛苦了，所以我討厭慢跑。」這種說法實在令人費解。

因為，「慢跑」本來就不是一種痛苦的運動。

RUN

龜速慢跑法，擺脫「不會運動」的惡夢

老人、小孩、上班族，任何人都適合跑

對於因缺乏運動而導致體力不足的大多數人而言，最適合自身步調的慢跑運動，其實是速度慢到驚人，甚至比走路還慢的「超慢跑」！對於不善運動的人，「超慢跑」將徹底改變你對「慢跑」的刻板印象。

重點是，任何人都能輕鬆力行的「超慢跑」運動，不僅可以讓你感受到運動的舒暢感，更能有效「瘦身」。**就算是完全沒有運動細胞的你，也可以輕鬆上手**；對於忙碌的現代上班族來說，更是一種新興運動，對維持健康有極大的功效。

走路太輕鬆，無法大量燃燒脂肪

或許你會想：「既然要做適合自己體力的運動，走路不就好了嗎？」

走路的確是輕鬆愉快的運動，一點也不會覺得痛苦。不過對一個身體健康的成年人來說，無論你的體力有多差，**走路的運動強度都過於輕微。走路不會「大量流汗」，對於卡路里的消耗亦無顯著效果。即便花上大量時間運動也無法達到有效瘦身或是增強體力的效果。**（詳細說明請參照第2章）

快走太單調，無法長久維持

那如果是「快走運動」呢？快走的確有較適當的運動強度，但不習慣快走運動的人，連以快速度走路都無法很輕鬆地做到。這樣一來，雖然不會有痛苦的感覺，卻會因為過程太過單調無趣，感受不到快感，也看不出成果，而無法長期堅持下去。

關於這一點，**懶得運動、不會運動的你可以放心了，「超慢跑」是一種可以配合自己的體力，並適時調整運動強度的最佳運動。**

運動白癡也會愛上的「超慢跑」

很難相信我這個原本完全不擅長運動，甚至連簡單活動一下筋骨，也嫌麻煩的人，竟然已經持續慢跑超過10年呢！

從小，我就是那種喜歡宅在家裡看書，遠勝於到外面玩耍的小孩。小學時的體育成績自然也不太理想，到了國、高中，參加的也大多是靜態的文化類社團。一直到三十歲出頭，成為作家，**從早到晚都待在家裡，坐在電腦前不停地寫作。比起一般在外工作的上班族，在家工作的人活動時間更是少的可憐。**

有一陣子，我發奮圖強買了當時很流行的「計步器遊戲機」（註①），結果卻發生了一天只走了五百步，導致計步器裡的遊戲人物一氣之下離家出走的慘劇。

沒有運動細胞的人有福了！

原本很討厭運動的我，卻在經過2、3年的練習之後，有了很明顯的改變。現在，每年都能跑完好幾次全程馬拉松。由此可見，馬拉松真的不是一項很困難的運動。

當然，如大家所知道的，參加馬拉松比賽需要相當程度的練習。但想要參加馬拉松比賽，其實不需要一大早爬起來做跑步練習，更不需要跑到上氣不接下氣，甚至在過程中完全不用忍受任何痛苦。

註① 一種計步型口袋遊戲機，隨著走路計步，畫面中的角色也會跟著四處旅行。

「超慢跑」居然讓我瘦了！

11年前，我因為嚴重缺乏運動，導致腰腿無力，體重也直線上升。就在我覺得自己再這樣下去不行的時候，朋友邀我一起慢跑，還跟我說：

「真的只要慢慢跑就可以了。」

在她的鼓勵之下，我開始嘗試「超慢跑」。不過，雖說是「超慢跑」，一開始還是跑到喘不過氣來，連50公尺都跑不到。後來，我又下定決心以極慢速再跑一次。

◉「超慢跑」讓我重拾運動的信心

沒想到竟然成功了！當時我的速度是1公里跑10分鐘左右。

這樣的成績讓我這種從離開學校後不再跑步的人信心大增。後來更接受朋友的邀約，在沒練習的情況下參加了馬拉松大賽。

跑步的喜悅，比什麼都快樂

當時我跑完5公里的成績是42分鐘，以一般民眾而言，這是很慢的速度，但我還是成功跑完全程，**雖然僅僅5公里，但卻是我跑過最長的一段距離。那種跑完全程的喜悅，激起了我想要繼續慢跑的念頭。**

在喜悅和成就感之外，我還獲得更多額外的「獎勵」。就在我持續慢跑的過程中，我的體重逐漸下滑，也能輕鬆的跑上車站階梯而不再喘不過氣來，**身邊的親友對我的改變也表達了驚訝和讚賞，總會在看到我的第一眼，用充滿羨慕的口氣對我說：「妳瘦好多喔！」**；此外，在與慢跑同好交流的過程中，我還交到了不少新朋友，這也成為我持續慢跑的一股動力。

跑越「慢」，效果越驚人

養成跑步的習慣雖然並不難，但跑步本身畢竟不是件太有趣的事，所以，要想一直持續下去，勢必得為跑步找出適合的「報酬」。有值得的報酬，才會讓人忍受痛苦、持續慢跑。

◎ 9分鐘跑完一公里的超慢速，輕鬆又愉快

為了要提升自己慢跑的能力，我開始收集與慢跑有關的各種資訊。就在此時，**我知道了在專業的慢跑者中，有人提倡以「極慢速」長時間跑步，他們認為這是最**

好的運動方式。在佐佐木功先生與淺井惠理子小姐合作的《跑越慢就會越快》（ゆっくり走れば速くなる）系列書籍中，披露前奧運選手淺井小姐在練習時，曾經創下1公里跑7～8分鐘的「超慢紀錄」，令人驚訝。

大多數民眾如果慢慢跑，1公里也只需5～6分鐘而已，我的速度雖然比他們更慢，但當初練習時1公里大概也只需要7分鐘就能跑完。既然淺井小姐1公里能跑7～8分鐘，也就代表我可以再慢一點，於是我決定嘗試1公里跑8～9分鐘，沒想到跑起來真的相當輕鬆愉快。其實，我如果走快一點，1公里大概不到9分鐘也能走完，也就是說，**1公里8～9分鐘的慢跑速度就跟走路差不多，但跑步比走路更輕鬆也更暢快**。

輕鬆跑的大原則：找出自己的速度

正因為一點也不痛苦，所以我暗自決定，只要我有時間，一定要鍛鍊馬拉松練習所必要的20～30公里長距離慢跑。就在我慢慢跑步的過程中，久久不見進展的紀錄竟突飛猛進。**真的是「跑越慢，就會越快」**。對那時的我而言，一公里8～9分鐘是最適合不過的速度了。

既然當時的我一公里可以跑8～9分鐘，對於體力還不夠、尚未習慣跑步的人而言，也許可以用更慢的速度來跑步。

日本科學證實，跑越慢，體力越好

進一步調查之後，我發現福岡大學運動科學系田中宏曉教授，曾經在《聰明跑完全程馬拉松》（賢く走るフルマラソン，RUNNERS）一書中寫道：**「以極慢速跑步也能增強體力。」**於是我邀請朋友一起親身試驗這個理論，沒想到原本認為「我根本沒辦法慢跑」的朋友們，居然輕鬆愉快地完成了「超慢跑」的嘗試。

「我跑不動」、「跑步感覺好累好痛苦」、「好懶得跑步喔！」你會有這些想法，全都是因為你跑步的速度錯了！

只要找出自己的速度，任何人都可以輕鬆慢跑。

真的只要「慢慢跑」，誰都做得到

我在寫這本書時，邀請了幾位過去沒有運動經驗的朋友一起嘗試「超慢跑」，讓我們一起分享他們的體驗結果：

體驗談1 因為「超慢跑」，我愛上運動了！

第一位要介紹的是N女士（45歲・女性）。之前從事行政工作，現在則是全職的家庭主婦，從學生時代就很討厭運動，幾乎沒有任何運動的經驗。

「跑步實在是太累人了！」

如果不是因為罹患了高血脂症，醫師建議她一定要多做運動，她對跑步的既定印象大概永遠不會改變。但更讓她沒想到的是，實際加入「超慢跑」的行列後，她才發現，**「超慢跑」完全不會上氣不接下氣，輕輕鬆鬆就能完成。**

雖然一開始抓不到訣竅，但跑了10分鐘左右，便能維持住一定步調，最後持續跑了20分鐘左右。從那刻起，她萌生了「我也做得到」的信心，開始養成每週3次超慢跑的運動習慣。**6週後我再次跟她一起跑步，發現她比剛開始跑得更輕鬆，而且即使跑了30分鐘，肌肉也不再痠痛。**

體驗談2 胖子也能輕鬆「超慢跑」！

身為職業婦女的J小姐（37歲・女性）從小學到高中持續練習劍道，但自從出社會之後就再也沒機會運動。過去也曾為減肥加入過幾次健身俱樂部，卻因為缺乏恆心，始終無法持續。

在嘗試超慢跑前，J小姐曾擔心自己身材頗具「分量」，跑步會過度傷害關節。沒想到竟然能持續超慢跑20分鐘，更覺得：**「這一種慢跑完全不痛苦，比想像中還要輕鬆」**。

第二天腳踝與腰部雖然因過度使用而痠痛，但小腿肚與大腿肌肉卻沒有留下疼痛的後遺症。這次的經驗讓她覺得「超慢跑」很好玩，自己一定可以持續下去，而下定決心養成超慢跑的習慣。即便由於職務關係，常常得工作到凌晨1點才回家，她還是盡可能挪出時間，維持每週1次的「超慢跑」。

體驗談3 像上癮般愛上「超慢跑」！

K小姐（37歲・女性）是個標準的上班族，胖胖的她本來也不覺得有什麼困擾，**直到有一回在搭車時被誤當孕婦而被讓座，這個沉重的打擊，讓她徹底覺醒**

——**自己該運動減肥了！**

在選擇「超慢跑」這項運動以前，她曾擔心「超慢跑」這項運動會不會讓人喘不過氣、感到痛苦。但經過20分鐘的超慢跑後，她萌發了信心，相信自己還能再跑下去！晴朗的假日午後，在公園裡放鬆身心慢跑，**非但讓心情愉悅，更沒有「非跑不可」的壓力**，這讓她上了癮般愛上超慢跑，即便經常加班，但還是能夠維持每週3次「超慢跑」的好習慣。

體驗談4 只是「試試看」，竟出現令人驚喜的效果

R小姐（32歲・女性）從小到大都沒有運動的習慣，體弱纖細的她最初不相信自己有體力能夠勝任，然而基於「試試看」的心態，她嘗試了20分鐘的超慢跑。這次嘗試讓她發覺「超慢跑」的速度遠比想像中慢，**也驚喜地發現在跑步過程中，呼**

吸非但不會失調，還能長時間持續下去。不過因為她經常得工作到很晚，不便外出跑步，所以轉而利用「Wii Fit」或跑步機維持超慢跑的習慣。

體驗談5　90公斤的中年男子，也能輕鬆跑完15分鐘

很難想像擁有90公斤體重的M先生（49歲・男性）在國中時曾是排球社的社員吧？不過M先生的這段光榮史在高中過後就畫下休止符了。生活中少了運動的他，體重直線上升，直到突破90大關後，他才驚覺再這樣下去不行，於是痛下決心，開始在假日騎單車，成功瘦到82公斤。

雖然瘦是瘦下來了，但當時的他BMI值還是有30，仍處於過重的狀態。

當我和他提起「超慢跑」運動時，他跟我說：「我不適合跑步」，但還是參與了超慢跑的體驗活動。他雖然輕鬆愉快地跑了15分鐘左右，也沒有特別感到肌肉酸痛，但由於在意慢跑對膝蓋的影響，他仍舊覺得騎單車較慢跑適合自己。

其實，騎單車跟超慢跑一樣，都是可以輕鬆調整運動強度、享受樂趣的運動。喜歡騎單車而且樂在其中的讀者，繼續維持自己的興趣也是個不錯的選擇。

體驗談6 走路很吃力嗎？請體驗一次「超慢跑」吧！

從事IT領域的自由作家T先生（49歲・男性）和我一樣，整天待在家裡對著電腦工作，運動經驗幾乎掛零。**在實際體驗超慢跑之前他也是那種「光走路就很吃力」的人。然而，跑完後他發現超慢跑比想像中還輕鬆**，但由於過度的使用平時不常用的肌肉，所以在跑了20分鐘後，他的腰出現了疼痛症狀，幸好在休息後很快就恢復了，第二天並沒有不舒服的感覺。

「流汗的感覺真的很棒。」這是他體驗後的真心話。

體驗談 7 把不可能變成可能

接下來的主角是本書的編輯Y女士（42歲・女性），一個標準的運動白痴。求學期間體育成績不佳，馬拉松大賽也常是倒數幾名。但為了這次的工作，她不得不嘗試超慢跑運動。

她原先認為自己沒辦法跑完全程，**沒想到在嘗試「超慢跑」運動後，不但毫無痛苦的感覺，甚至感到通體舒暢，也跑出了興趣。最重要的是，才持續一個月，體重就減少了1公斤！**儘管體驗前曾信誓旦旦地說：「我絕對不可能養成超慢跑的習慣。」現在的她卻已經養成每週3次、每次長達30分鐘超慢跑運動的習慣了。

◉任何人都能輕鬆「超慢跑」

誠如前面所舉的例子，不論是從小不喜歡運動、幾十年沒有持續運動習慣，或是體重過重BMI值高達30的人，都能輕鬆愉快地完成15～20分鐘的「超慢跑」運動。而且，**體驗過「超慢跑」的人幾乎不會出現肌肉痠痛問題**，即使出現腰部輕微不適或痠痛等症狀，也只需要稍作休息就能完全恢復。

「『超慢跑』真的是一項很舒暢，而且輕鬆不費力的運動！」

這是每一位體驗者的共同心得。但是，工作忙碌與個人喜好常常會成為無法持續超慢跑的原因，因此「持之以恆」仍然是超慢跑最重要的運動習慣。

第1章 總結

終於找到一項「輕鬆愉快」的運動了！

❶ 你之所以會覺得運動很痛苦，並不是因為不善於運動或沒有毅力，純粹是因為**你的體力負荷不了那個運動的強度**而已。

❷ 慢跑讓你感到痛苦，並不是因為體力不足，而是你選擇了「體力無法負荷的速度」跑步。

❸ 「走路」雖然輕鬆愉快，但是運動強度太輕微，也不會大量流汗，**對於卡路里的消耗亦無顯著功效**。

❹ 比起用自己無法負荷的速度慢跑，用「極慢速」的步調長時間跑步，反而能讓自己跑得更順暢。

❺ **只要維持「極慢速」**，運動白痴也能輕鬆暢快地慢跑。

第 2 章

減重、活腦，「超慢跑」就對了！

日本科學研究大發現！
腦部微血管增生，越跑越瘦，越聰明！

有氧運動，效果最好！

「有氧運動」才是健康的運動

任何人都能輕鬆從事的「超慢跑」，究竟屬於哪一種運動呢？

我想每個人應該都知道「有氧運動」有益身體健康，能燃燒脂肪的韻律操或游泳等就是很好的例子。而且有氧運動對於「中高齡族群」維持健康狀態也有非常好的幫助。

「超慢跑」正是一種有氧運動。

做有氧運動不會累，還能長時間輕鬆運動？

「有氧運動」是一種緩和並長時間持續的運動。可能有少數人以為，一邊運動一邊呼吸就叫有氧運動；運動時摒住呼吸就是無氧運動。其實，當我們在做各種運動的時候，身體會因應運動種類改變以適應需求。換句話說，**運動是依照身體的適應方式，區分為「有氧運動」與「無氧運動」**。

運動時身體會分解糖分與脂肪，產生運動所需的能量。此時以「大量使用氧氣」的能源機制為主的運動稱為有氧運動。反之，以「不太消耗氧氣」的能源機制為中心的運動就是無氧運動。

有氧運動

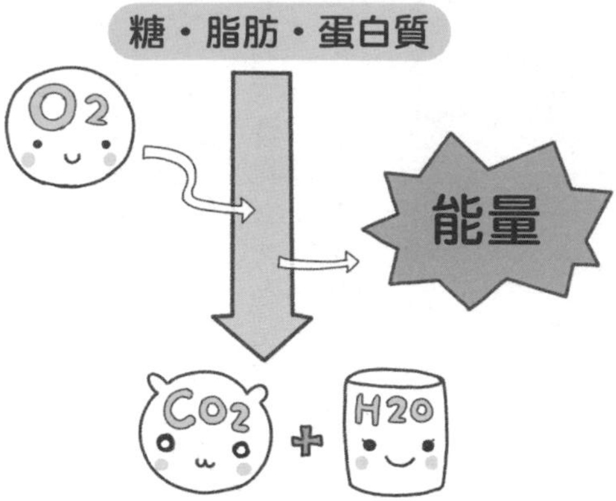

↑需要長時間吸入氧氣，有效產生能量。

無氧運動

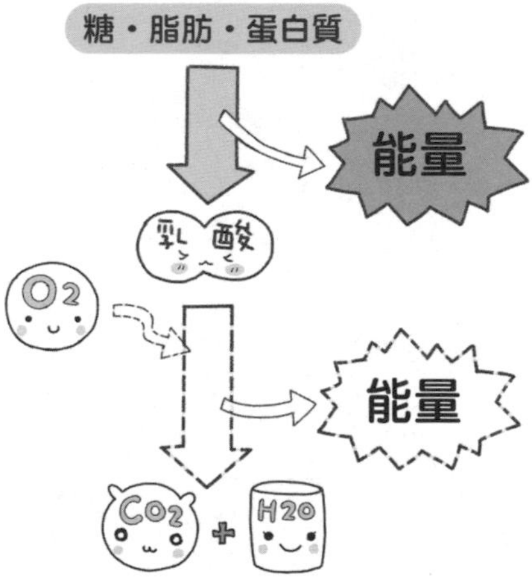

↑不吸入氧氣，短時間即可產生能量。接著，人體開始吸收氧氣，最後將乳酸分解成二氧化碳與水。

◉有效運動，「持久力」是關鍵

有氧與無氧運動，可由運動時所使用的肌肉群作為判別。肌肉大致可分為二種：雖不具爆發力卻能讓你長時間運動的「慢縮肌」，以及具有超強爆發力卻無法持久的「快縮肌」。一般而言，**有氧運動主要鍛鍊「慢縮肌」，而無氧運動主要訓練的是「快縮肌」**。

絕大部分的運動融合兩種運動型態，所以有氧與無氧運動的區別並無清楚的界線。然而運動是否會成為有氧運動，更取決於個人的身體狀況。舉例來說，一般被歸類於有氧運動的「慢跑」，卻不是每個人來跑都能進入有氧的狀態。

因為倘若是在感到勉強或不舒服的狀態下，勉強自己拚命跑下去，極有可能會讓身體處於無氧運動的狀態。

◉讓「慢跑」變成有氧運動，很簡單

想知道自己現在所做的運動是否為有氧運動，只要測量血液中的「乳酸濃度」即可。「乳酸」是人體內糖分分解而形成的物質之一，其主要成分為葡萄糖，透過體內酵素的作用形成。在幾乎不消耗氧氣的狀態下產生能量，身體會自然形成乳酸，所以只要進行無氧運動，我們的身體就會增生乳酸。

而有氧運動在產生能量時並不會形成乳酸，所以不會影響血液中的乳酸濃度。換句話說，**「乳酸濃度」急速攀升與否，就是有氧運動與無氧運動的判別基準。**

當運動強度越來越強時，乳酸濃度就會慢慢上升，到了某個臨界點便開始急速攀升，這個臨界點稱為「無氧閾值」（AT：Anaerobic Threshold）（註②）。

無氧閾值是運動時能夠保持穩定「運動強度」最大數值。也可以說，比無氧閾值高的運動是「無氧運動」；比無氧閾值低的運動就是「有氧運動」。

跑步時達到無氧閾值的速度稱為臨界速度。**想要讓「跑步」成為有氧運動，就**

一定要維持比「臨界速度」還要慢的速度才行。

註② 血液中乳酸濃度之變化與是否為無氧運動之判斷雖然有緊密不可分的關係，但嚴格來說並不相同。最近有些專業書籍大多以乳酸閾值（LT：Lactate Threshold）取代無氧閾值（AT），但本書使用大家較耳熟能詳的「無氧閾值」。

臨界速度越高，跑得越久

「臨界速度」就是長時間能持續活動，且不會感到疲勞的最快速度，而每個人的臨界速度不盡相同。短跑選手或馬拉松選手常以臨界速度作為評估心肺功能及耐力跑訓練的依據。

想要測量正確的「臨界速度」，就必須以不同的速度跑步，並測量血液中的乳酸濃度。雖然一般人無法輕易地測量正確數值，但「臨界速度」大約與跑全程馬拉松不相上下。

頂尖運動員跑完全程馬拉松速度大約是3分鐘／公里；花了好幾年積極練習的業餘馬拉松選手，速度也差不多在5～6分鐘／公里之間；身體健康的一般人跑完全程馬拉松的速度多半在7～8分鐘／公里左右，其中也有人認為9～10分鐘／公里是最適合的速度。

◎慢還不夠，還要「極慢速」才行

本書所列舉的全程馬拉松速度，是指接受長距離慢跑的嚴格訓練之後，從頭到尾維持相同步調時的速度。因缺乏練習導致無法維持相同腳程，或是一開始跑太快，中途後繼無力而開始走路的狀況，則不在列舉範圍內。

該怎麼提高「臨界速度」呢？其實，只要確實的鍛鍊、增強體力，就能提高臨界速度。反之，若運動量不足，臨界速度也會大幅降低。對於大部分缺乏運動的人來說，臨界速度比一般想像的慢跑速度還慢。**因此，想讓慢跑變成有氧運動，就要維持「極慢速」才行。**

超慢跑，燃燒熱量是走路的2倍

熱量OUT！「超慢跑」燃燒脂肪效果極棒！

其實，走路也是頗具代表性的有氧運動。因為，不管臨界速度再怎麼慢，走路都不可能快過臨界速度。所以，如果只是想從事有氧運動，走路也是很好的選擇。

但我更推崇「超慢跑」這種運動，因為**「超慢跑」的運動強度比走路更強，也較容易消耗熱量。**

我想正在看這本書的讀者，如果不是好奇什麼是「超慢跑」，就是有非得運動不可的理由，正在為自己找一種適合的運動方式吧？而多數人應該是為了減重的緣故開始運動。如果是這樣，請你務必嘗試一次「超慢跑」。

因為「超慢跑」不只輕鬆愉快，還能消耗許多熱量，而且也很容易燃燒脂肪。

減重書裡應該都會提到：「肥胖的人從事慢跑運動，容易造成雙腳的運動傷害，一開始最好先以走路的方式減重。」就理論上來說，這是完全正確的觀念。

然而，走多少路能減輕多少體重，並沒有一定的標準。因為走路方式的不同，減重的成果也會不同。

若以體重60公斤的人1小時走4公里左右的情形為例，消耗的熱量大約是240卡路里。如果要燃燒1公斤的脂肪，則須消耗7000卡路里左右才行。那我們來計算一下，燃燒1公斤的脂肪必須走多久的路：

7000kcal ÷（240kcal／小時）＝約29小時

也就是說，**即使我們下定決心靠走路來減重，每天得走上30分鐘，辛苦29天（將近1個月）左右，才只能減輕0.5公斤而已。**

所以，如果想先靠走路減輕體重、減少身體負擔後再開始慢跑的話，以每天走

30分鐘來計算，也要花上10個月才能減下5公斤，而且這還是理論上最好的結果。真正實行時，往往會因為心裡想著：「嗯！這樣算運動到了！」而產生鬆懈，反而吃得更多、毫無節制。如此一來，不但無法如願以償的瘦下來，甚至在正式進入慢跑階段以前就被挫折擊敗而放棄。

既然如此，不如一開始就從慢跑下手，畢竟慢跑的卡路里消耗量是走路的2倍左右，效果自然更好。

「超慢跑」能增加卡路里的消耗

話說回來，如果「超慢跑」的速度跟走路差不多，那麼「超慢跑」到底能不能像一般慢跑一樣，消耗那麼多熱量呢？

在進行超慢跑體驗時，我曾測量第1章所提到部分體驗者的卡路里消耗量。跑步計步器內建三方向加速度感應器，可從身體動作計算出卡路里消耗量。雖然不如實驗室中吹氣測量所獲得的結果準確，不過還是可以輕鬆測出卡路里消耗量。

結果如以下表格所示：

每分鐘卡路里消耗量之差異

名稱	數值	速度（分：秒／km）	卡路里消耗量（kcal／分）	卡路里消耗倍數（以慢走為基準）
N女士 45歲・女性	慢走	13：15	4.0	1.0
	快走	10：47	5.1	1.3
	超慢跑	11：59	9.4	2.3
M先生 49歲・男性	慢走	11：32	6.4	1.0
	快走	09：28	8.1	1.3
	超慢跑	08：51	12.3	1.9
T先生 49歲・男性	慢走	13：04	3.8	1.0
	快走	10：45	5.1	1.3
	超慢跑	13：28	9.5	2.5
作者 50歲・女性	慢走	10：56	3.7	1.0
	快走	08：25	5.2	1.4
	超慢跑	07：57	9.3	2.5
	慢跑	06：30	10.0	2.7

＊使用歐姆龍（OMRON）Jog style HJA-300測量卡路里消耗量
＊歐姆龍計步器;、活動量計產品可參考以下網址：
http://www.omronhealthcare.com.tw/product_category_list.asp?kd_sn=8

幾乎所有人都測出相同的結果。比起慢走時的卡路里消耗量，快走每分鐘的消耗量大約增加三成，而**「超慢跑」更可以達到1.9～2.5倍。**

以剛剛的算式為例，體重60公斤的人必須持續走路運動十個月，**如果改做「超慢跑」運動卻只要五個月左右就能減輕5公斤。**

再以第1章介紹過的N女士為例。她慢步1分鐘可消耗4.0卡路里，30分鐘就是120卡路里。假設每天走30分鐘，燃燒5公斤脂肪就需要：

7000kcal × 5／120kcal／日＝約292天

也就是292天左右。同樣地，「超慢跑」1分鐘可消耗9.4卡路里，30分鐘就是282卡路里。假設每天超慢跑30分鐘，燃燒5公斤脂肪只需要124天左右即可，如下計算：

7000kcal × 5／282kcal／日＝約124天

我也試著測量一般慢跑的結果。以每小時的卡路里消耗量來看，**「超慢跑」大約是慢走的2.5倍，但一般慢跑也只有慢走的2.7倍而已。**同樣比較每天運動30分鐘，燃燒5公斤脂肪的所需天數，「超慢跑」約需125天，與一般慢跑所需要的117天，從結果來看差異並不大。

由此可知，卡路里消耗量雖然多少受到速度快慢影響，**但「運動型態的不同」所造成的影響更大。**或許慢跑使身體上下振動的幅度變大，卡路里消耗量也因此增多。

腰腿零傷害，「超慢跑」為安全加分

體重越重越容易傷害腰腿，這個道理很多人知道，那「超慢跑」運動也會有這種顧慮嗎？

「超慢跑」相較於一般慢跑，運動時對地面帶來的衝擊較小，相對而言也比較安全。雖然比起走路仍有些微的危險存在，但體重較重的人只要多加注意，想要安全的進行「超慢跑」並不是件難事。

此外，「超慢跑」運動比走路更容易暖和身體，運動結束後也能暫時維持較高的體溫。**當人體處於高體溫狀態時，基礎代謝率就會增加，能幫助體內消耗多餘的熱量。**

再加上「超慢跑」還有另一個讓你意想不到的好處，**那就是「比走路更能鍛鍊肌肉」。**由於人體的肌肉量和基礎代謝率有很大的關係，**肌肉量越高，越能提高基礎代謝率，即使處在靜止不動的狀態下，熱量也能被消耗。**

對於想要消耗熱量、達成減重目的的人而言，輕鬆的有氧運動—「超慢跑」絕對是不二選擇。

2倍力！「超慢跑」的驚人運動強度

不知不覺，越來越健康

不是只有想減重的人才需要運動，只要想維持健康、增強體力，運動都是最好的方式。那「超慢跑」能不能滿足這些需求呢？

根據日本厚生勞動省發表的《促進健康運動指南2006》，想要維持健康，就必須**每週從事23 Ex（METs×小時，後述）的高強度身體活動（運動、生活活動），其中須包含4 Ex的劇烈運動。**

METs（METabolic equivalents，代謝當量）是運動時的能量消耗與安靜不動時的能量消耗間的比值。例如，一般來說步行為3 METs、快走為4 METs、跑步為8 METs。（詳左圖）

相當於1Ex的高強度身體活動

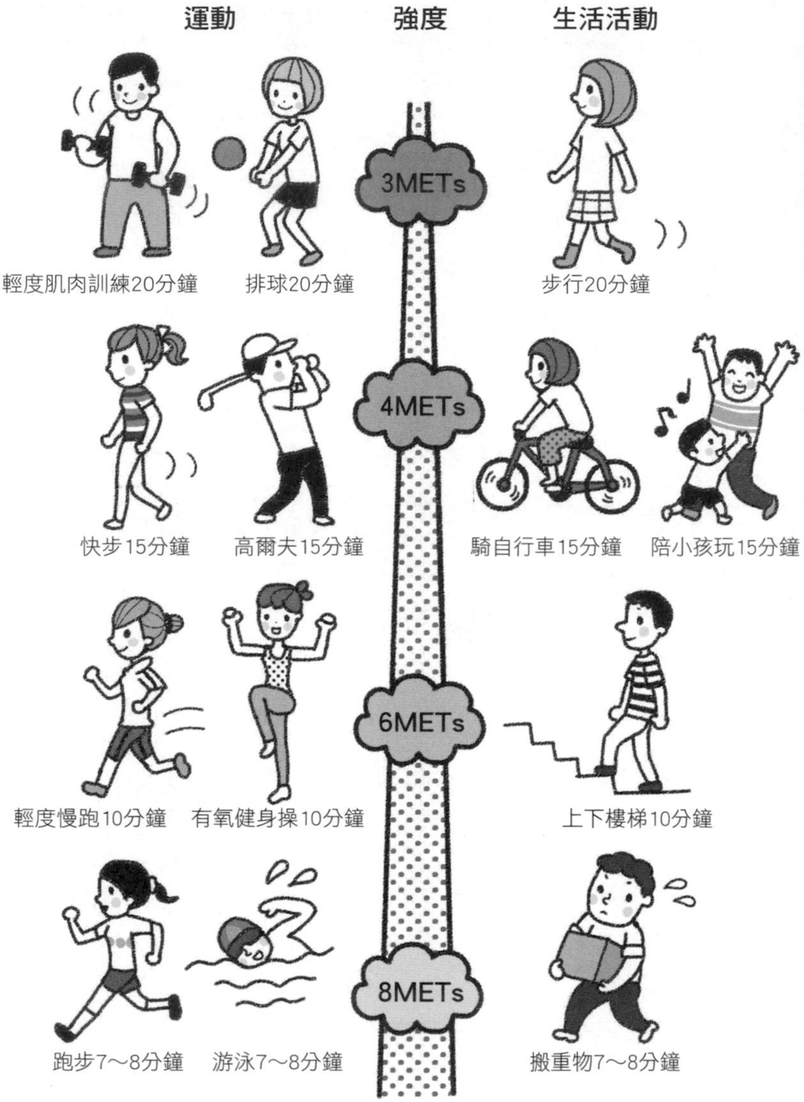

資料來源：《促進健康運動指南2006「預防生活習慣病」》
（運動需求量・運動指南策定檢討會、2006年7月）

而Ex（Exercise）是表示運動量的單位，表示從事1 METs活動1小時的運動量。

我之所以使用METs與Ex等單位，是為了避免受到體重的影響。因為從事同樣的運動，體重較重的人所消耗的熱量往往較多，為了避免體重不同而不斷改變目標值的狀況，特地使用不受到體重影響的單位。

前面提到每週從事23 Ex的高強度身體活動，其中包括4 Ex劇烈運動。這裡所謂「高強度身體活動」指的是3 METs以上的活動。安靜坐著的身體活動為1 METs，不過，安靜坐3小時並不能等同於從事3 Ex的身體活動，唯有從事步行（3 METs）以上的活動，才能算是高強度身體活動。

讓你有效維持健康的「好運動」

「超慢跑」屬於輕度的慢跑，相當於6 METs等級的運動，也就是說，**「超慢跑」**

的運動強度為正常步行的2倍。假設只以正常步行來完成23 Ex的運動目標，每天大概要從事1小時左右的步行運動。反之，若從事6 METs的超慢跑運動，只要正常步行的一半時間就能達成目標。

另外，運動指南也特別指出，其中必須包括4 Ex以活動身體為目的的「劇烈運動」，這裡所說的「劇烈運動」是與身體活動相同、強度達3 METs以上的運動，也就是「與日常生活的行為不同，刻意從事的運動。」因此走路也是符合條件的運動項目之一。

然而正常步行為3 METs、快走為4 METs，假設要以走路來達到4 Ex的目標，正常步行每週必須花費1小時20分，即使是快走也需花費1小時。但超慢跑的強度是6 METs，每週只需40分鐘就能達成目標。

如果想從事既不痛苦，又能夠達到既定目標的運動，選擇短時間就能達成目標的類型，自然比較容易持續下去。而「超慢跑」正是最能有效率地維持健康的運動。

不用激烈運動，也能有效增加體力

「氧的攝取量」決定運動強度

《促進健康運動指南2006》建議的運動量包括老年族群在內，是適合所有年齡層維持健康的最低目標。若想進一步維持健康生活並增強體力，究竟需要多少運動量才足夠？

美國運動醫學會（ACSM）出版的《運動測驗與運動處方指引》（ACSM's Guidelines for Exercise Testing and Prescription），對於維持健康與增強體力相當具有指標性。接下來我將根據2010年發行的第8版內容，介紹最適合維持健康與增強體力的有氧運動強度。

《運動測驗與運動處方指引》以每小時的氧攝取量（VO_2）作為基準，表示運動強度。

氧氣是運動的必備條件。分析運動時呼吸氣息的成分，就能了解身體吸入的氧氣量。**運動強度越強時，身體就會吸入越多氧氣，氧攝取量自然也會增加。**不過，到某個臨界點之後，身體就不再吸入更多氧氣，此時的氧攝取量稱為「最大氧攝取量」（VO_2max）。

與安靜時的氧攝取量相較，以百分比（％）表示達到最大氧攝取量的剩餘比例，稱為「儲備攝氧量」（VO_2R）。

可利用下列算式求出「儲備攝氧量」：

$$VO_2R（\%）=（VO_2－安靜時的VO_2）／（VO_2max－安靜時的VO_2）\times 100$$

安靜時的儲備攝氧量為0％，身體無法再吸收更多氧氣的臨界點是100％。換句話說，「儲備攝氧量」就是以百分比表現0到100之間的運動強度。

溫和的運動，也能強身

美國運動醫學會利用「儲備攝氧量」，對於因應個人運動習慣與體力選擇適當強度的運動提出建議，這一點我在第3章會有詳細說明。

幾十年前的研究對象大多以運動選手為主，因此當時認為增強體力必須從事儲備攝氧量高達70％的劇烈運動。**不過最新的研究結果發現，即使是儲備攝氧量50％左右的溫和運動，也能有效的維持健康或增強體力**，如果是體力極差的人，從事儲備攝氧量30％的運動也有出色效果。

所以對沒有運動習慣的人來說，想要增強體力，不需要一開始就採取激烈的運動，即使是極為溫和舒緩的運動，只要維持下去就能達到健康的目的。

◉看起來溫和的「超慢跑」，功效卻很強

前面提過的臨界速度，差不多就是儲備攝氧量50％左右的溫和運動。大部分30～49歲的健康人士，在經過半年的訓練之後，約花5～6小時能跑完全程馬拉松，此時的臨界速度大約是7～8分／km。假設臨界速度的儲備攝氧量為50％，如果我們以儲備攝氧量30～40％為目標，代表慢跑速度還可以再慢一點。

此外，福岡大學運動科學系的田中宏曉教授也曾經發表過一篇研究報告。他發現以邊跑步仍能面帶微笑的臨界速度，甚至是更慢的「悠閒速度」進行鍛鍊，能增強訓練對象的體力。這裡所說的「悠閒速度」就相當於美國運動醫學會建議的儲備攝氧量30～40％的運動。

無論從哪個觀點來看，**「超慢跑」這個比臨界速度更慢、更溫和的運動，具有相當程度增強體力的效果。**在增強體力之後，若是覺得不夠，只要稍微加快速度，就能適當調整運動的強度。總之，如果你想要增強體力，「超慢跑」可說是最有效的運動。

慢慢跑，就能「活腦強筋」，預防老人痴呆症

◎「超慢跑」解痠痛、保健康

如同我剛剛所說，「超慢跑」是具備多重功效的有氧運動。但我真心推薦「超慢跑」運動的最大理由不只是有效，而是因為「超慢跑」既舒服又愉快。

看到這裡，相信絕大多數不喜歡運動的人，都不會輕易相信跑步是一件很輕鬆的事情。不過，在我邀請他們實際體驗之後，他們不只認為超慢跑「比想像中輕鬆」，還有很多人覺得「出乎意料地開心」、「心情好舒暢」。

當我們從事強度適中的有氧運動時，當全身的血液循環變得順暢，肩膀僵硬就會因此改善，手腳冰冷的症狀也會解除。以我在第1章介紹過的J小姐為例，在持續超慢跑1個月之後，**長期困擾她的便祕問題竟不藥而癒。我自己則因為跑步可以**

放鬆肩膀，而養成每次肩膀僵硬時都會去跑步的習慣。

紓解腦部壓力，跑就對了

跑步能順暢腦部的血液循環，藉此舒緩精神壓力。

這次幾乎所有體驗者都跟我分享，**自從他們開始跑步之後，晚上都睡得很好。**

R小姐每次在工作感到精疲力盡時，就會去跑步，做完「超慢跑」運動後，不僅身體的倦怠感與肩膀僵硬的症狀獲得改善，更覺得疲勞瞬間消失，當天晚上的睡眠品質也變得很好，隔天醒來神清氣爽。

最近也有很多研究發現，有氧運動能有效預防「阿茲海默症」與「憂鬱症」。這是因為我們運動時，會使用到大腦的許多部位，因此也具有活化腦部的效果。就拿我來說，我常常在跑步時想到工作上的好點子。

◎怕流汗、嫌麻煩的人也會愛上這種運動方式

有氧運動可以有效保持身體健康並維持充沛活力，但運動一旦成為負擔，就連原本喜歡運動的人都會選擇逃避，更何況是原本就不愛運動的人。運動強度過量會讓人覺得痛苦、無法承受；太弱則又無法從運動中獲得暢快感與成就感。這時，「超慢跑」就脫穎而出了。

「超慢跑」是一種強度適中的運動，而且自己一個人就能跑，不用擔心拖慢同伴的速度，對工作忙碌、無法長時間運動的人來說，**「一個人慢跑」所獲得的成就感，也是養成超慢跑運動習慣的一大動力。**

一個人在公園或街頭慢跑，除了可以感受季節變化，享受豐富街景外，心情也會格外的輕鬆愉快。此外還能達到身體健康的效果，「超慢跑」真可說是「不做可惜的運動！」

◉讓「超慢跑」變成健康的捷徑

習慣「超慢跑」之後，請務必嘗試「散步跑運動法」。

選個晴朗的好日子，到平時沒去過的公園，或是當地的觀光景點走走，可以比平日走得稍遠一點也無妨，將「減肥、維持健康、鍛鍊身體」的想法暫時拋到腦後，就當是去欣賞風景名勝，遇到喜歡的風景就停下來欣賞，或是拍照留念；發現人氣麵包店就買個招牌麵包，補充體力，將運動當成另一種享受。

感覺有點累了，**可以在不讓體溫冷卻下來的範圍內稍事休息，舒緩一下運動的強度，避免造成身體負擔，如此一來，便能輕鬆維持長時間運動。**

以散步的心情想休息就休息，想慢跑就慢跑。當你覺得輕鬆自在的時候，就連熟悉的鄰近風景也會有不一樣的感受，給你前所未有的新鮮感。

還等什麼呢？現在就邀約親朋好友一起來慢跑，一邊聊天一邊運動，度過更悠閒的運動時光吧。

第2章
總結

「超慢跑」的好處這麼多，趕快行動吧！

❶「超慢跑」是**有益健康的有氧運動**，既輕鬆又能長久持續。

❷「超慢跑」是**具有瘦身效果**的運動，卡路里消耗是**走路的2倍**。

❸「超慢跑」能有效維持健康、改善**肩膀僵硬**、**便秘**、**手腳冰冷**的問題。

❹「超慢跑」可以**增強體力**，聽起來很溫和，但是**運動效果超強**。

❺「超慢跑」讓人感覺心情舒暢，成為一種新的運動方式。

RUN

第 3 章

「超慢跑」的跑步法大公開

隨時隨地都能跑、不必講究姿勢，
揪團一起來「超慢跑」吧！

不用任何裝備，隨時可以開始跑

還等什麼，就開始跑！

說了這麼多，你是否躍躍欲試，想開始體驗「超慢跑」了呢？或者，你還在猶豫：

「不用買一雙慢跑鞋嗎？」

「要穿什麼樣的運動服呢？」

將這些疑問丟掉，跑就對了！**無須購買運動用具，或是特地出門到有設備的地方運動**，**「隨時隨地都能跑」正是超慢跑的優點**。等到你認為「超慢跑是我可以持續下去的運動」之後，再開始準備正式裝備也不遲！

或許你會這麼問我，大多數慢跑書都會強調：「想從事慢跑運動，一定要先買一雙專業慢跑鞋，如果不穿適合慢跑的鞋子，容易傷害雙腿。」為什麼我卻說一開始先不用準備呢？

「跑的方式」與「運動強度」，比慢跑鞋還重要

事實上，對平時就沒有運動的人來說，如果突然開始跑步，的確很容易造成雙腿極大負擔。這時，市面上所推出的高機能慢跑鞋可幫助你舒緩腳掌落地時所受到的衝擊，避免造成運動傷害。

不過，無論穿上功能多好的慢跑鞋，**若進行不適合自己體能狀況的運動，對雙腿仍然會造成不可避免的傷害。因此，比起運動鞋的款式，「正確的慢跑方式」與「適度的運動強度」，才是最重要的關鍵。**

本書介紹的「超慢跑」運動是一種十分溫和穩定的運動。因此，剛開始其實不

需要急急忙忙地準備高機能慢跑鞋，只要用心傾聽自己身體的聲音，不勉強身體承受不能負荷的運動強度即可。

即使只有10分鐘，先跑跑看再說

雖然說不用特地準備慢跑鞋，但是穿皮鞋或拖鞋不僅不好跑也很容易滑倒，危險性相當高。最好還是選一雙合腳的運動鞋，**例如：街頭上常見的球鞋，或是以前參加健身俱樂部時準備的室內鞋等。舒適、能排汗的衣服就很適合「超慢跑」。**

運動服與慢跑鞋一樣，剛開始都無須太講究，只要選擇方便活動，耐髒的T恤或一般運動服等即可，款式種類不限。但要注意的是，為了運動時的舒適感，最好選擇可迅速排汗的快乾衣物，此外，由於跑步時身體會保持高溫狀態，因此最好穿得比一般外出服輕便，才能避免運動後的不適。

春天、夏天

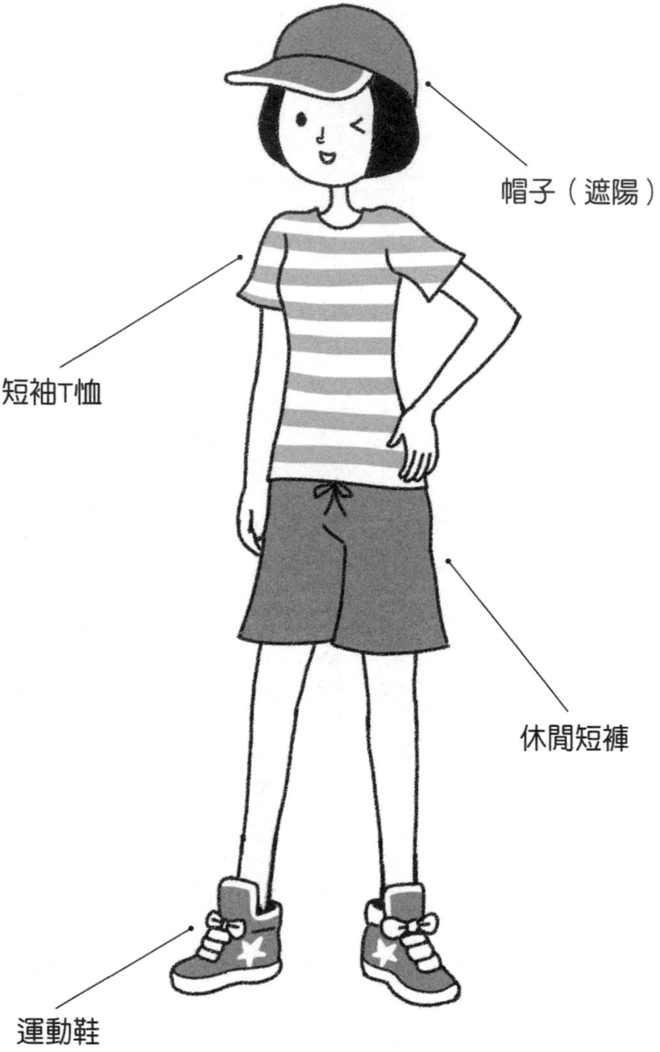

秋天、冬天

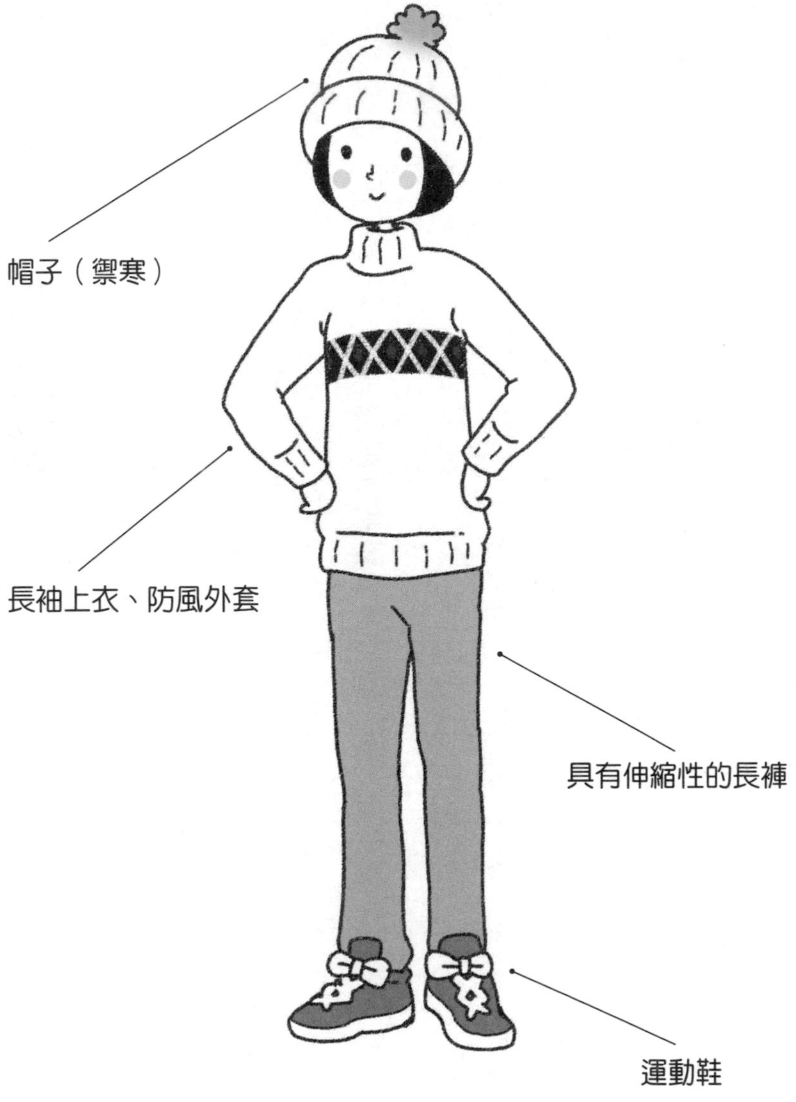
帽子（禦寒）
長袖上衣、防風外套
具有伸縮性的長褲
運動鞋

◉「洋蔥式穿法」最適合超慢跑

另外，我建議「洋蔥式穿法」。出門運動時，可以先穿著薄襯衫或多穿幾件上衣，一旦覺得熱時，再一件件脫掉。

我之所以建議不要一開始就買慢跑鞋或運動服，其實還有別的原因。對沒有跑步經驗的人來說，不論聽了多少建議，或是參考多少資料，都還是很難找到適合自己的慢跑鞋或運動服。所以，**還是希望大家能夠先實際跑過，有了經驗之後，才知道自己真正的需要。**

還有一點要先在這裡提醒大家：對於身體健康的人，只需要放鬆心情，就能夠立刻開始「超慢跑」運動。但如果你平常走沒幾步就會上氣不接下氣，膝蓋或腰部也有疼痛症狀，或者你是需要固定回診治療的慢性病患者，請千萬不要貿然跑步，最好先尋求主治醫生的專業意見，才能安全的運動。

為自己選一雙舒適的慢跑鞋

當你順利地度過體驗期，決定正式開始「超慢跑」後，就可以為自己買一雙合適的慢跑鞋了。我自己穿過四千元左右的慢跑鞋，不僅方便跑步，穿起來也很舒適。

慢跑鞋的種類相當多樣，**建議先從適合初學者的慢跑鞋或訓練鞋入門，且慢跑鞋的大小，最好比平日穿的皮鞋大0.5～1公分左右較為舒適。**

選好鞋的3大原則

若想購買適合的慢跑鞋，最好到款式豐富的專賣店選購，並詳細洽詢店員意見，仔細地試穿選擇，試穿鞋子時大致上有三個重點請注意：

1 要有適當空隙

理想的鞋子尺寸是腳跟穿入鞋子、繫好鞋帶後，腳尖處還有適當空隙。

2 要來回走動

人類的左右腳大小稍微不同，因此建議兩隻腳都試穿後，來回走動或輕輕跑一跑，確認鞋子會不會太鬆或是太緊。

3 要來回走動

另外，建議不要購買慢跑高手專用的鞋款，因為對初學者而言，這種鞋子反而容易傷害雙腿，這一點請務必留意。

慢跑鞋的選購要點

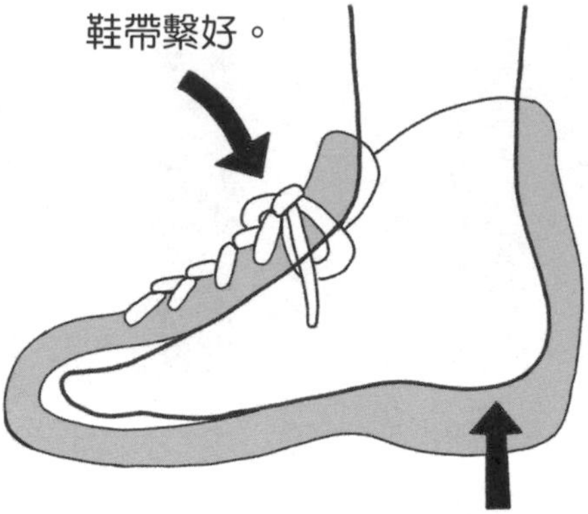
鞋帶繫好。
完全包覆腳跟。腳尖處要預留適當空隙。

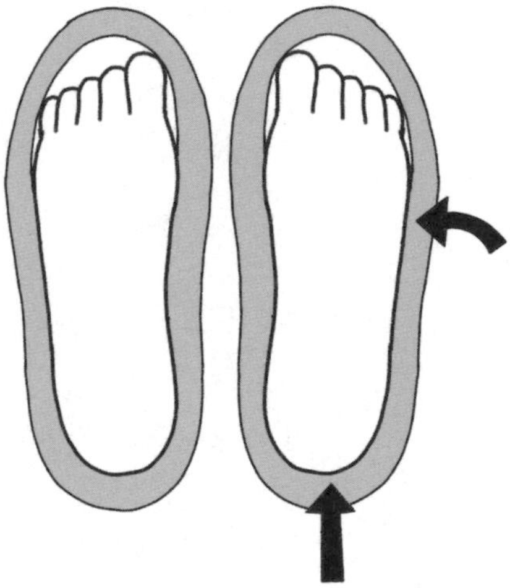
確認側邊與腳背是否合腳，尺寸是否過大或太窄，穿起來是否會感到疼痛？
腳跟處是否完全密合？

小步、定速，就這麼簡單

一、二、三……，跑步之前，先做暖身運動

穿好衣服後，就開始做暖身操吧！

「暖身操」的目的是為了活絡緊張僵硬的肌肉，讓身體更靈活，**即使只是簡單地做1、2分鐘也很有效。為了避免運動傷害，請千萬不能省略暖身步驟。**

一開始先大幅伸展、彎曲並伸直雙腿、左右旋轉腰部，慢慢地活動身體。接著，確實伸展待會要運動的腿部肌肉，直到感覺肌肉被伸展開來，一邊吐氣並慢慢伸展到肌肉不會疼痛的程度。

5大暖身操

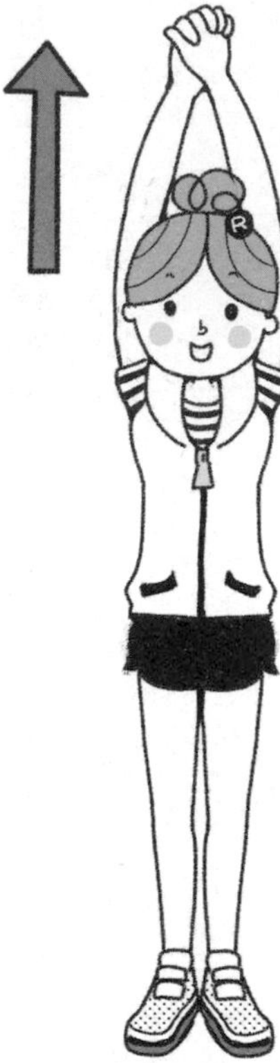

❶ 雙手十指互扣，慢慢往天空伸直，不要聳肩，讓身體大幅伸展，停留3～5個呼吸。

❷ 雙手輕扶膝蓋，慢慢蹲下後，再慢慢站直並伸直膝蓋。

❸ 雙手輕扶膝蓋，蹲下後，慢慢向左旋轉數圈，接著再慢慢向右旋轉數圈。

★旋轉時腳跟要保持貼地，不要翹起。

❹ 雙腳打開站穩之後，兩手插腰，慢慢往右轉動腰部數圈，接著再慢慢往左轉動腰部數圈。

❺ 單腳彎曲慢慢蹲下，並伸直另一隻腳做伸展，停留3～5個呼吸之後，再換另一腳動作。

3大拉筋操

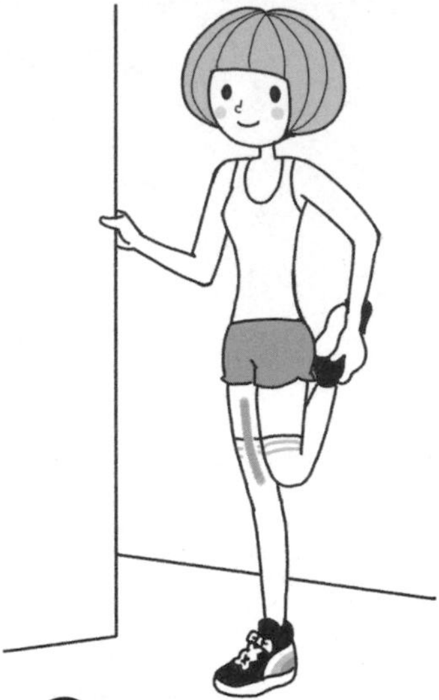

❶ 扶住牆壁或一個固定傢俱，單腳站立後，用手握住另一隻往上彎的腳，伸展大腿前方，每一邊停留3～5個呼吸。

❷ 雙腿交叉，站穩之後，身體輕輕往前彎曲，利用後腳大腿內側的肌肉伸展臀部。

❸ 雙手插腰，左腳往後踩一大步，前腳微彎，伸展後腳的小腿肚，停留3～5個呼吸之後，換另一邊動作。

Notice

不管是暖身操或是拉筋操，每次可停留3～5個呼吸，維持平順的吸吐，動作中緩慢進行不要急躁，如果閉氣或是過度勉強自己，反而會造成肌肉的傷害，一定要小心喔！

準備好了嗎？開始跑吧！

做好了暖身運動，全身有沒有活絡起來了呢？來吧，我們開始正式跑步了。

記住，要「小小步、慢慢跑」喔！

「超慢跑」這三個字很容易懂，但如果不知道訣竅，還真不容易做到。**想要輕鬆愉快地「超慢跑」，不只步幅要小，還要維持一定速度。**

那「超慢跑」究竟是要多慢？又用什麼做標準呢？答案是「步幅」和一分鐘跑多少步的「步頻（Pitch）」來決定。

舉例來說，假設步幅是80公分、步頻為1分鐘150步，1分鐘就是：

80×150＝12000公分，也就是往前跑了120公尺。

在相同步頻下，步幅越寬速度就會越快；在相同步幅下，步頻越快速度也會越快。也就是說，**如果想要超慢跑，就必須「縮小步幅」或「降低步頻」，或是兩者同時進行才行。**

大部分人一聽到「超慢跑」都會試圖降低步頻，而不會改變步幅。這是因為受到「超慢」這兩個字的影響，不過，在步幅一樣寬的狀況下降低步頻，步伐就會變得很沉重，身體也容易失去平衡。使用這樣的方式跑步時，腳掌接觸地面時容易因為受到強烈衝擊而讓雙腿受傷。

↑當步幅越大，會導致速度變慢，反而就會越難跑，過程中容易感覺困難疲累。

↑將步幅縮小的話，身體取得平衡，步伐也變得比較輕盈，就能咚咚咚地輕鬆慢跑囉！

因此，想在降低跑步速度的狀態下輕鬆又安全地運動，**就一定要刻意縮小步幅才行。此時步頻快一點也沒有關係，將步幅縮得比走路還小，咚咚咚地慢慢跑。**

如此一來，即使是極慢速也能維持一定節奏。

◎姿勢正不正確？不重要！

坊間的慢跑入門書都會建議採用「正確的跑步姿勢」，但是在這裡，**我要建議各位讀者無須在意跑步姿勢。因為正確的跑步姿勢通常只適用於快跑，為了維持正確姿勢必須提高速度，如此一來運動強度就會變強，進而讓身體感到痛苦。**超慢跑只需注意下列二點即可：

❶腳掌不要用力踩地，也不要用力往後踢，以「輕輕往下踏」的感覺移動即可。

❷雙手「不要大幅擺動」，輕輕放在身體兩側保持平衡就可以了。

剛開始跑的時候無須在意身體姿勢，只要輕鬆慢跑就可以。如果只為了要有

「正確姿勢」，而強迫自己調整出正確姿勢，不習慣運動的人很容易有錯誤施力的問題發生，跑步姿勢也會變得很不自然。

所以，姿勢不是最重要的，最重要的是不要想得太難，放鬆心情愉快慢跑。

◉除了暖身操，「緩」身操也不能忘

跑完超慢跑後，你是否也覺得身心舒暢？但記住，10～20分鐘的慢跑過後，同樣不可忽略緩身操。即便「超慢跑」是一種極緩和的運動，**仍須在跑完後，確實伸展剛剛運動過的肌肉，才能夠達到消除疲勞的效果。**

還有一點要特別注意，那就是不管你是運動老手或是新手，絕對都要屏除「我還能再多跑一點」的想法，不要勉強自己才是安全的做法。

最輕鬆的跑步姿勢大公開

雖然我一再強調「跑步時不要太在意姿勢」，但一定還是有很多人滿懷著困惑，忍不住想問：「到底要採用什麼姿勢才能真正輕鬆跑呢？」為了幫助大家在習慣跑步後，能更輕鬆有效地展現運動效果，我還是稍微介紹一些適合跑步的姿勢。

一般而言，**跑步時最好維持「挺直腰背」的姿勢。**（詳細說明請見第106～107頁）**不要只使用腿部肌肉，多運用「腰部以上的肌肉」能減輕各部位肌肉的負擔，跑起來更輕鬆自在。**

如果跑步時駝背，或是像坐在椅子上般腰部後傾，都無法順利擺動腰部，運動到上半身。而且這樣的姿勢會過度利用大腿根部到腳尖的力量，如此一來，大腿前方的部分肌肉難免因負擔過重而很快地感到疲倦。

因此，想要沒有運動傷害的從事「超慢跑」運動，首先要挺直背部，維持抬頭挺胸的正確站姿。**避免針對某部位過度施力，只需想像自己像木偶一樣，頭頂上有一條線把自己往上提拉即可。**

有效率的跑步姿勢

❶ **將兩隻手放在「腰骨最上方」的位置。接著想像該處被線往前拉，交互踏出雙腿。**

❷ **這時使用的是臀部與大腿內側的肌肉，腰部會「自然往前推」，這就是最輕鬆的跑步姿勢。**

❸ **雙手微彎維持一定節奏，以「手肘帶動手臂」，自然來回擺動。**

❹ **雙手不要用力往前擺動，否則會讓身體因為反作用力而往後傾，造成反效果。**

不過，光用文字說明或許還是很難掌握訣竅。這些動作只要偶爾練習、慢慢學會即可。在此之前，先好好享受跑步的樂趣吧！

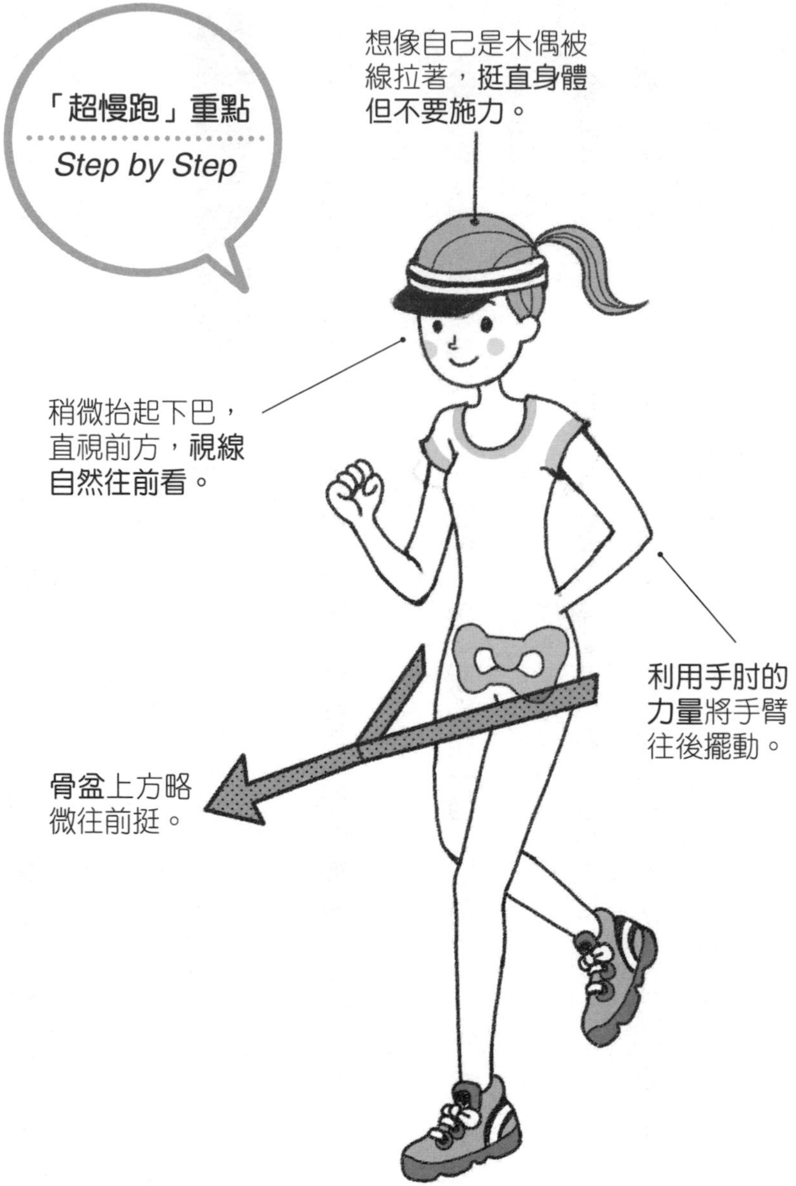
「超慢跑」重點
Step by Step
想像自己是木偶被線拉著，挺直身體但不要施力。
稍微抬起下巴，直視前方，視線自然往前看。
利用手肘的力量將手臂往後擺動。
骨盆上方略微往前挺。

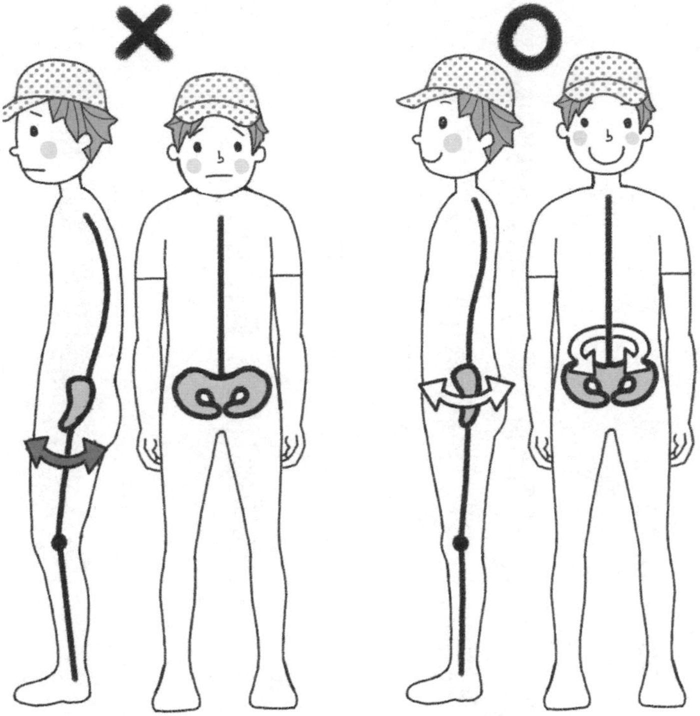

↑ **腰部往後倒**

這個姿勢不會運動到骨盆。骨盆後傾、腰部往後掉的姿勢，會讓骨盆無法以脊椎為中心，導致身體只能利用大腿根部到腳尖的力量跑步。

↑ **腰部挺直**

骨盆往前傾、挺直腰部的姿勢，能讓整個身體以脊椎為中心跑步。

不可思議的極慢速

◎一邊哼歌，一邊還能聊天的「超慢跑」

「極慢速」的速度到底有多慢？如果你是剛開始嘗試的人，一定抓不到標準在哪吧？別擔心，看完我舉的幾個判斷標準後，你很快就會明白了。

首先就是主觀判斷法。**跑步速度以「輕鬆」為原則，一邊跑步還可以一邊哼歌，或是與旁邊的朋友聊天，這樣的速度剛剛好。**

如果出現上氣不接下氣，或是呼吸變得沉重，就代表速度太快了。只要稍微感覺到辛苦，就該降低跑步速度。**可以再將步幅縮小一點，如果無法再縮小的話，不妨嘗試把節奏放慢，減少步頻也是一種方法。**

速度再慢，也沒關係

跑步速度的第二個判斷標準就是「速度」。

雖說主觀判斷很重要，但如果沒有一個可供參考的數字，大家可能還是很難了解。從速度來看，通常我們通常以每分鐘多少公里或是每小時多少公里來做評量的標準；但慢跑時則都用1公里幾分鐘來表示。只要知道距離，利用手錶就能知道速度，這是很方便的判斷標準，因此本書使用這個方法。

基本上，**「超慢跑」的速度大概與走路差不多，甚至可以更慢。**一般成年人走1公里大概需要10～15分鐘。建議一開始以這個速度作為基準。

找一個有標示距離的地方，可以是公園，也可以是學校的操場，一邊跑一邊測量時間。你也可以邀請朋友在旁邊陪著走路，或是以步道或公園裡的行人為基準，以走路的速度來跑步也是很好的方法。

如果以走路的速度跑5分鐘後，身體還是沒有熱起來的話，可以試著稍微加快慢跑速度。**但如果有喘不過氣來的感覺時，就一定要立刻將速度調慢。**

到底多快的速度才是最適合的跑步速度？這個問題的答案因人而異。一般人都會有先入為主的觀念，認為「跑步就是要求快」，因此即使明明知道要放慢速度，剛開始還是會一不小心跑快。

有鑑於此，建議一開始就以1公里跑10分鐘左右的速度，慢慢地嘗試慢跑運動。如果這個速度讓你覺得不過癮，只要在後半段慢慢加快速度即可。但無論如何，**「速度再慢也沒關係」，這個觀念請一定要牢牢記住。**

從「心跳」快慢找出你的運動步調

我在第2章已經介紹過利用「儲備攝氧量」（VO_2R）表示運動強度的方法。但測量氧攝取量並沒有那麼容易，我們可以用「心跳數」作為判斷標準測量運動強度。

當我們在活動或運動時，心臟為了讓身體吸入氧氣，必須增加心跳數及血液流動量；因此「氧攝取量」與「心跳數」有某種程度的連動關係，會一起增減。

儲備心跳率（HRR：Heart Rate Reserved）與儲備攝氧量（VO_2R）是互相呼應的基準。「儲備心跳率」以心跳數為基準，以百分比（％）表示運動強度。與儲備攝氧量相同，安靜時為0％、最大值為100％。因此，「儲備攝氧量」與「儲備心跳率」幾乎可以視為相同的標準。

儲備心跳率HRR（％）計算公式：

（運動時心跳數－安靜時心跳數）／（最大心跳數－安靜時心跳數）×100

下列算式可以算出在某種強度下運動的「目標心跳數」：

安靜時心跳數＋（最大心跳數－安靜時心跳數）×HRR（％）／100

以安靜時心跳數為60、最大心跳數為180的人為例，運動強度50％時的「目標心跳數」為：

60＋（180－60）×（50／100）＝120

一般人在安靜的狀態下，心跳數約為60左右，**各位讀者不妨在靜躺的狀態下測量自己的安靜時心跳數，最好的測量時機為早上醒來、下床前。**

不過，最大心跳數不容易測量，只能從年齡來預估。下列算式可以算出概略的最大心跳數：

最大心跳數（預估）＝220－年齡

從表格數據可知，45歲的人最大心跳數約為220－45＝175。

不過，這個算式的缺點就是，年齡越大誤差就會越大。為了彌補這個缺點，也可以使用下列算式：

最大心跳數（預估）＝206.9－（0.67×年齡）

（Gellish等學者所提出的算式）

由此算式可以得知，45歲的人最大心跳數約為176.75＝177。

利用這個方法預估最大心跳數，並以安靜時心跳數60為基準，計算出各種運動強度下的心跳數，統整如下表格所示：

各種運動強度下的心跳數（預估）

年齡	最大心跳數（預估）	運動強度 40%	運動強度 50%	運動強度 60%	運動強度 70%
20	194	113	127	140	153
25	190	112	125	138	151
30	187	111	123	136	149
35	183	109	122	134	146
40	180	108	120	132	144
45	177	107	118	130	142
50	173	105	117	128	139
55	170	104	115	126	137
60	167	103	113	124	135

※以安靜時心跳數＝60為例

如果你也想知道自己的最大心跳數，不妨找個機會測量自己的安靜時心跳數，做出屬於自己的一覽表。

如同我在第2章說明過，「超慢跑」是儲備攝氧量50％以下的運動。由於「儲備心跳率」是與「儲備攝氧量」相同的標準，因此只要以儲備心跳率50％以下的心跳數為目標即可。

如果你是沒有運動習慣、體力也逐漸衰退的人，以40％或30％為目標就可以了；相反的，如果50％不會讓你感到痛苦，不妨提高到60％。從前頁表格得知，以運動強度50％為目標時，35歲的人心跳數為122；40歲為120；45歲則為118左右。雖然無法精準掌握心跳數，但還是盡量以130左右為上限，如果心跳數達到140就高出太多了。

話說回來，每個人安靜時的心跳數與最大心跳數都不同，如果超過140還是感到很輕鬆，以與自己走路差不多的速度來慢跑也可以。不妨同時參考幾個基準，找出自己的步調。

心跳數的測量法

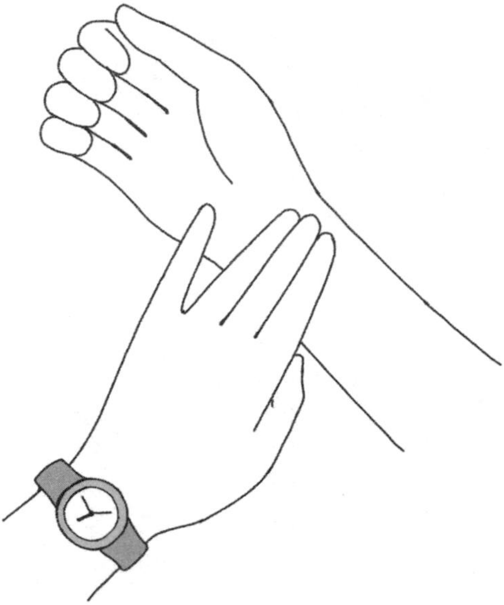

❶ 併起三隻指頭，輕輕按壓另一手大姆指下方的手腕部位。

❷ 利用食指、中指與無名指來測量脈搏，是迅速地找到脈搏的訣竅。

❸ 找到脈搏之後，一邊看著手錶數數即可測量脈搏。

用哪一隻手測量心跳數都可以，如果左手有戴手錶，用左手手指測量右手的脈搏，就能順勢看著手錶進行測量。

在跑步之前先練習測量的訣竅，就能在跑完後立刻找到脈搏。另外，**由於跑步時無法直接測量心跳數，因此請先跑5分鐘左右後休息，接著測量10秒內的心跳數，再將該值乘上6倍。**為什麼不直接測量1分鐘呢？這是因為人在休息狀態下，心跳數會越來越低，所以只測量10秒鐘以避免失準。

目前市面上也有推出可在運動時測量心跳數的機器。最常見的機型是在胸前繞上測量帶，並用手錶記錄心跳數，即便是沒有要測量心跳數時，也能將手錶當慢跑錶使用，想了解心跳數變化情形的人，不妨多多利用。

每天跑20～30分鐘，每週休息兩天就夠了

◎注意！缺乏運動會使肌力變差

話說回來，是不是只要不喘就是最好的運動強度？其實並非如此。這只是以心肺功能為主的一種說法。事實上，運動強度也與肌力有關。

長年缺乏運動會導致肌力變差，即使呼吸還很順暢，雙腿卻可能早已疲弱無力，體力不濟。當腳掌著地時，肌力會負責支撐腿部與腰部，並緩和衝擊力道，因此**只要肌力越弱，關節所承受的衝擊就會越大，越容易引起膝蓋疼痛等後遺症**，就算勉強跑完，也會產生嚴重的肌肉痠痛，甚至連走路也受到影響，不能輕鬆愉快的享受運動。

◉「超慢跑」對關節負擔極小

反觀將步幅變小、維持一定節奏的超慢跑，因為動作較小，受到地面的衝擊力道也較少，因此對於肌肉與關節的負擔較小，屬於不容易造成後遺症的運動。以在第1章參與超慢跑體驗的參加者為例，雖然有些人出現了腰腿不適或是肌肉痛等症狀，但稍微休養之後便立刻痊癒，並未因此造成很大的問題。

運動應該是為了健康而做，如果因此受傷反而得不償失。所以，為了避免運動傷害的產生，運動時一定要隨時傾聽身體的聲音。不只是呼吸，就連腰腿狀態也要注意。

當你感到腰腿輕微疼痛或是不舒服時，請立刻停止運動，好好休息2、3天。當休息過後想再開始跑時，須減慢速度，並減少運動量，一步步恢復訓練。如果長時間感到劇烈疼痛、休息後也不見改善，或是疼痛雖然痊癒了，但重新恢復超慢跑後，卻又再度痛起來時，最好趕緊就醫接受治療。

此外，雖然「超慢跑」比一般慢跑運動還要溫和，但如果醫生跟你說：「你不適合跑步，最好改成走路運動。」請不要執意繼續跑步，可以選擇換一間醫院接受診斷，尋求不同醫生的意見，在諮詢過多位醫生的意見後，如果醫師一致認為「現在的你就連『超慢跑』也不適合做」的話，最好還是放棄慢跑運動。

該多久運動一次呢？

每週3～5天的運動量剛剛好。

在找到適合自己的運動強度後，接下來就要找出適合自己的運動頻率了。到底每週運動多少次、每次要跑多少距離才足夠？

若想長久維持健康並增強體力，請反覆且持續的運動。**唯有重複產生疲勞與消除疲勞的循環，才能真正地增強體力。**

從事平常不做的運動時，身體會產生疲勞，運動能力也會暫時降低，這時就需要適當的休息來消除疲勞，因為在消除疲勞的過程中，身體會適應之前所受到的刺激，並慢慢地加強運動能力。不過，如果之後沒有持續運動，原本加強的運動能力就會恢復原狀。

因此，想要提升運動能力，就一定要每隔一段時間，持續給予身體適度刺激才行。為了達成這個目的，最好每2、3天就做一次運動，每週至少運動3次。

身體的恢復狀況視運動強度而異，在不累積疲勞的狀況下，每週從事4、5次運動就能獲得更好的效果。不過，如果每週運動超過5次，不僅運動效果變差，還會因為疲勞而提高運動傷害的風險。

因此，**最好每週休息2天，讓身體獲得適度的休養。總而言之，最好的運動頻率就是每週運動3～5天。**

別硬撐！運動20～30分鐘就夠！

關於運動的持續時間與強度，在第2章介紹的美國運動醫學會出版的《運動測驗與運動處方指引》中，除了提供身體健康的成年人適合的有氧運動，並依平常生活及體力等級分類如下：

一天儲備攝氧量	每天 運動時間	每週3～5天 總計運動量
一天從事儲備攝氧量 （儲備心跳率） 30～45%的運動	20～30 分鐘	60～150 分鐘
一天從事儲備攝氧量 （儲備心跳率） 40～55%的運動	30～60 分鐘	150～200 分鐘
一天從事儲備攝氧量 （儲備心跳率） 55～70%的運動	30～90 分鐘	200～300 分鐘
一天從事儲備攝氧量 （儲備心跳率） 65～80%的運動	30～90 分鐘	200～300 分鐘
一天從事儲備攝氧量 （儲備心跳率） 70～85%的運動	30～90 分鐘	200～300 分鐘

◎ 各種工作者的運動建議 ◎

分類	內容
靜態工作者	平常生活以靜態的文書工作為主，不常活動身體或沒有運動習慣，體力極差的人。
活動力低落者	平常生活中活動身體的機會不多，也不運動，體力略差或很差的人。
輕微活動者	平常生活偶爾會活動身體，但不運動或是偶爾做一點運動，體力尚可或略差的人。
活動量大者	每天都會活動身體，體力尚可或有從事劇烈運動習慣的人。
激烈活動者	每天都會大量活動身體，或是有從事劇烈運動習慣的人。

（資料來源：ACSM's Guidelines for Exercise Testing and Prescription EIGHTH EDITION TABLE 7.4／原文為英文、作者翻譯）

◉真的太忙，也可用「快走」代替「超慢跑」

過去沒有運動習慣的人，最好從適合極差體力的人從事的運動開始。以長年從事文書工作並且開車上班，或是在家工作的SOHO族為例，建議從「一天從事儲備攝氧量（或儲備心跳率）30～45％的運動20～30分鐘」開始。乘坐大眾交通工具上下班，或是每天走10分鐘到捷運站或站牌等車的人，則可以從「一天從事儲備攝氧量（儲備心跳率）40～55％的運動30～60分鐘」開始。

不過，即使生活型態相同，每個人的體力還是各有不同，上述分類僅供參考，最好的方法還是自己親身嘗試。**用身體的感覺調節出適合的運動強度，一旦覺得吃力，就立刻降低強度；如果覺得太輕鬆，就稍微增加強度。**

運動強度會因為運動方式而不同，「超慢跑」的強度大約是儲備攝氧量40～60％，因此對於缺乏運動的人而言，這是相當適合從事的運動。

還有，「一天從事幾分鐘運動」的說法，並不是硬性規定每天都要做，你也可以只在運動日執行即可。此外，**每次運動如果持續10分鐘左右，也能一天分次完成，只要達到總量即可。不要過度拘泥於數字，維持舒暢的心情輕鬆跑步，這樣的速度才是適合自己體力的運動強度。**以最低限度的運動為例，每週要空出60～150分鐘做運動，對於一般人並不太容易，不妨在通勤時以快走取代運動，如此就能輕鬆達成目標。

我將在第5章介紹維持「超慢跑」的7大守則（詳請見第164頁），大家不妨參考看看。

◉先從每週1、2次開始，動起來吧！

如果一週只能做1次運動，是不是就完全沒有效果？事實上並非如此。雖然體力沒有明顯變好，但對於過去完全不運動的人來說，只要心血來潮時跑一下，也能感受到不錯的效果。**即使一周只做1次超慢跑運動，也能讓「血液循環變好」，讓**

人感到「身心舒暢」。

事實上，等到你覺得跑步是一件很快樂的事情之後，你就會想盡辦法空出時間慢跑。因此，從每週1～2次的頻率開始「超慢跑」運動吧！

第3章
總結

實行「超慢跑」，人人都辦得到！

❶ 一開始無須講究慢跑鞋與運動服，先從體驗「超慢跑」運動開始。

❷ 超慢跑的祕訣就是，跑步時**「步幅要小」並維持「相同速度」**。

❸「極慢速」就是跑步時可以一邊哼歌，或是**一邊與朋友聊天**的速度。也能以心跳數為基準。

❹ 感覺**腰腿不適時要立刻休息**，避免傷害雙腿。

❺ 至少一天運動20～30分鐘、每週運動3～5天，每週總計要做滿60～150分鐘。

第 4 章

「超慢跑」QA大解答

解答新手疑問，
天天都能愉快跑步！

開始「超慢跑」運動的你，一定有許多不知該如何解決的問題吧？本章針對新手最常見的疑慮為您一一解答。

一定要在早上跑步，效果才最好嗎？

Q1 自從朋友們知道我在從事「超慢跑」運動之後，他們總是會問我：「你每天都晨跑嗎？」我想知道早上跑步是否對身體最好？

A1 **「任何時間」慢跑對身體都有同樣的好處。**

一說到慢跑，一般人總是會聯想到晨跑。其實不只早上，只要選擇自己方便的時間，任何時段都可以慢跑。**儘可能在不改變現有生活型態的情況下，開始嘗試「超慢跑」運動，這才是持續運動的不二法門。**

如果你本來就只有晚上才有空，晚上運動也是很好的選擇。只不過，在沒有路燈的地方超慢跑時，千萬要注意自身安全。不但要注意地面是否平坦，最好穿上亮色系或貼有反光條的衣服，方便其他車輛與行人注意到你的存在。如果是女性，應特別避開空曠或行人較少的地方，以減少危險的發生。

❓我家附近沒地方可以跑啊！

Q2 我家附近沒有慢跑步道，我應該去哪裡跑比較好？

A2 超慢跑最迷人的地方就是──「任何場所都能跑」。

不管是公園、街上或是運動場，只要是沒有阻礙人車通行的地方就是好地方，選一個路面寬敞又平坦的地方超慢跑吧！

？找不到空檔慢跑怎麼辦？

Q3 我家離公司很遠，每天都要花很長的時間通勤，回到家都很晚了，要如何才能找到空檔運動呢？

A3 午休時間來試試看吧。

你可以利用**吃飯前，或是享用完輕食的10～20分鐘後，在公司附近找一個合適的地點開始跑**。脫掉外套、穿上輕便的鞋子，不用花太多時間，在不流汗的運動強度下，輕鬆進行「超慢跑」。

當然，上班前或下班後的時間也是不錯的選擇。你不妨趁著通車回家前的空檔，在河堤邊或人行步道上超慢跑，享受出汗的暢快感。

還有一個更好的建議，每天通勤的你也可以養成提前1、2站下車的習慣，然後一路跑到公司，都是很好的方法。

只要穿上具有伸縮性的褲子，脫掉外套、穿上輕便的鞋子就能超慢跑，一點都不麻煩。至多攜帶一只後背包裝隨身物，其餘那些佔空間又用不太到的東西，就放在公司裡吧。

若平日真的找不到空檔超慢跑，你不妨利用快走的方式去搭車、不搭電梯改走樓梯，如果離公司不遠，走路去公司也是個好方法。總之，盡量找時間、找機會來活動身體就對了。再不然，找時間主動陪小孩玩，效果也非常好。**日本厚生勞動省的《促進健康運動指南2006》將「陪小孩玩」列為4 METS等級的運動，運動強度可與「快走」媲美。**只要平時多活動身體，週末維持「超慢跑」運動，就能提高一定程度的運動效果。

? 只要不是石頭或水泥路面，都是好跑道

Q4 我家附近沒有適合的柏油路，沒有鋪柏油的沙石路也能慢跑嗎？

A4 **不要太過堅硬的路面都合適。**

其實，只要地面不過於顛簸，**「水泥路」及「草地」會比柏油路還適合慢跑**，因為堅硬的地面會造成腰腿極大負擔，所以，像是石頭步道和水泥地就應該避免。

不過，「超慢跑」所承受的地面衝擊比一般慢跑還要小，若是時間不長，在水泥地超慢跑也不會造成太大問題。

？在家裡用跑步機跑，也行？

Q5 我家附近晚上很暗，很不適合出門跑步，那能不能在跑步機上跑呢？

A5 **在「跑步機」上跑也是不錯的選擇。**

跑步機的好處是，有些機型可以測量心跳數或是固定速度；但缺點是周遭風景不會變化，感受不到在戶外跑步的涼爽感。因此，即使平時都是以跑步機運動，天氣好的時候，不妨勵行「散步跑運動法」（詳請見第79頁），為運動增添一些樂趣。此外，由於跑步機與實際地面跑起來的感覺不同，因此要花一點時間習慣。

路況太多，好難跑？

Q6 上坡好累、下坡時身體又會向前傾，偶爾還會遇到陡坡或樓梯，該怎麼跑比較好？

A6 「勿勉強」是超慢跑的最大原則。

遇到上坡的路況，只要縮小步幅、放慢速度，就能輕鬆克服。下坡也是一樣，雖然下坡不會讓人喘，但對腰腿的衝擊力道較大，會造成很大負擔，所以也要立即做調整，如果還是覺得跑起來很辛苦，不妨改用走的。勉強用跑的可能會造成腿部的運動傷害，因此遇到上下坡時改用「走路」因應，也是不錯的「超慢跑」訓練方式。

? 開始跑了，可以停下來嗎？

Q7 我知道「超慢跑」運動儘量持續跑10分鐘以上，但如果跑到一半遇到紅綠燈，可以停下來嗎？

A7 暫停時，記得原地踏步。

以正統的慢跑訓練而言，維持一定速度長時間跑步是最好的方式。但如果是為了減肥或維持健康而慢跑，偶爾因紅綠燈暫停個1、2分鐘是無妨的。要注意的是，如果讓好不容易熱起來的身體冷卻下來的話，就很難再繼續跑了。**因此遇到時間較長的紅綠燈時，不妨適度地原地踏步或是搖擺身體，避免身體冷下來。**

? 讓狗狗陪著你一起「超慢跑」吧！

Q8 我每天都要帶狗散步，很難另外再找時間跑步，我可以順便帶狗出門散步嗎？

A8 讓狗狗陪著一起跑吧。

如果是在做正統的慢跑訓練可能不合適，但如果是為了減肥或維持健康而做的超慢跑運動，就不用太在意了，與其因為沒時間而放棄超慢跑，開開心心的帶著心愛的狗狗一起運動才是更健康的選擇。但要記得的是，如果帶狗狗出門，一定要記得將集便袋放在腰包或背包裡，可別留下狗便便喔。

「超慢跑」時要特別注意呼吸嗎？

Q9 書上有些人會教「吸吸吐吐」的呼吸法，也就是先吸兩口氣再吐兩口氣，「超慢跑」運動時是否也要這麼呼吸呢？

A9 **超慢跑時無須在意呼吸法，自然呼吸即可。**

超慢跑運動是一種極輕鬆的運動方式，沒有固定的呼吸方式。但如果跑到一半，有出現喘不過氣來的情況時，一定要立刻調整氣息，因為那代表你的速度太快了。

跑太慢，會被笑啦！

Q10 我覺得「超慢跑」的跑法丟臉，因為擔心被人家笑，只好越跑越快，我該怎麼做才好？

A10 **在人來人往的地方，其實根本沒有人注意你在做什麼，真的不用太在意。**

更何況超慢跑運動對你身體狀況的調整，讓你擁有健康的未來人生。與一生的健康相比，他人的眼光不過瞬間而已，實在不值得去在意。

換個想法吧！**「就算速度很慢，能不顧他人想法，堅持做自己，真的是太帥了！」**這麼想不就好了？而且現在的努力能讓你的未來更健康，總有一天你也能瀟灑地慢跑。請拋開顧慮，踏出第一步吧！

?「哈哈哈……怎麼跑這麼慢！」

Q11 在公園超慢跑，卻被別人投以異樣的眼神，好像在說：「怎麼跑那麼慢，好奇怪的人喔！」

A11 別在意別人的眼光，帶著輕鬆自在的心情，跑吧！

別太在意啦！當一個人「超慢跑」的時候，你可能會遇到路過的行人給你的鼓勵：「你好棒，要加油喔！」但偶爾也會遇到「跑太慢囉！」的無情嘲笑。遇到這種時候，不妨露出笑容，自信滿滿地回答：「『超慢跑』對身體非常好喔！」

相信我，跑到半死不活的激烈運動方式已經落伍了，以輕鬆的速度超慢跑才是符合最新運動科學的訓練方法喔！

❓上班制服配上慢跑鞋，能看嗎？

Q12 我想利用通勤的時間慢跑，但換衣服實在太麻煩了，如果我穿著上班的制服，再配上慢跑鞋，背著背包，看到的人應該會覺得我是怪人吧？我真的很在意別人的眼光。

A12 在公司為自己準備一套制服。

如果真的在意別人的眼光，不妨在公司放一套套裝作替換。通勤時，就可以穿比較休閒一點，例如登山服、網球服、高爾夫球服等，兼具排汗和運動功能的衣服，這樣在街上就不會讓人側目了。

其實，穿什麼是個人自由，當你愛上「超慢跑」後，自然就會明白，**周遭的人只會認為你是個喜歡慢跑的人，不會笑你的。**

我不想當黑美人！

Q13 我很想運動，但很擔心會曬黑。要怎麼做才不會曬黑呢？

A13 **天氣再熱也能輕鬆跑。**

在戶外活動難免會曬黑。日照較強時，**請務必戴帽簷較大的帽子並塗抹防曬乳，避免露出的肌膚被曬黑。**此外，應特別注意容易忽略的頸部，千萬不要忘記塗抹防曬乳喔！

市面上有推出一種適合慢跑用的帽子，後頸部也有遮陽帽簷設計，不妨多加參考。如果想要徹底防曬，夏天也可以穿著長袖上衣、長褲並戴手套。運動用品店也有防UV與涼爽、排汗的長袖T恤，不僅透氣性佳，穿起來也很涼爽。

怕熱的人也能跑嗎？

Q14 我很怕熱，要怎麼做才能在盛夏時持續超慢跑運動呢？

A14 選擇早晨或晚間涼爽時間即可。

理論上，越涼爽的天氣越適合「超慢跑」，然而，所有的運動都一樣，持續和堅持是很重要的事，所以，千萬別一到夏天就不跑了。

只要盡量選擇在早晨或晚上等較涼爽的時段慢跑，或是上健身房，利用跑步機跑步就可以克服炎熱的日曬問題。此外，覺得熱的時候，可以盡量放慢速度或是縮短跑步時間，以更緩慢的速度跑步，自然就不會覺得那麼熱了。

如果這樣還是不行，建議你在夏天嘗試其他運動以維持健康，例如報名參加游泳課程，或是從事樹蔭較多的登山健行運動。不用擔心自己會不適應其他的運動方式，**當你利用「超慢跑」運動喚醒身體機能之後，從事其他運動時一定能比過去更輕鬆、更快樂。**

天氣炎熱時跑出一身汗，好臭！

Q15 我是一個很會流汗的人。原本想要在午休時間慢跑，但辦公室沒有淋浴設備，有什麼方法可以避免產生汗臭味呢？

A15 **選擇能迅速吸汗的運動衣就沒問題。**

最近有越來越多運動服採用會迅速吸汗、排汗的布料，建議可到運動用品店找找看。也可以隨身帶著毛巾，一邊跑、一邊擦汗，**跑完之後再用濕毛巾擦拭身體，就不會產生汗臭味了。**如果公司真的不方便沖洗身體，可以隨身攜帶裝著濕毛巾的塑膠袋，或使用隨身包濕紙巾。

❓多運動，多喝水

Q16 我聽說慢跑時一定要補充水分，應該在什麼時間點、補充多少水分才夠呢？

A16 **每20分鐘補充一次水分。**

當身體因為運動開始熱起來時，會以出汗的方式調節體溫。即使外表看不出來，也會因身體表面汗水蒸發，導致體內的水分流失。尤其在夏天，為了避免中暑，一定要注意水分的補給。

然而水分補給牽涉到氣溫與運動強度等因素，無法訂出確切的標準。不過，**一次喝太多水會使胃部變重，影響跑步，最好隔20～30分鐘補充半杯水。**

以從事30分鐘「超慢跑」運動為例，**在跑之前先喝半杯水，結束後再喝半杯水即可，中途無須補充水分。**若是跑完後覺得口乾舌燥，請務必積極補充水分。

此外，流汗流失的不只是水分，還有鹽分。當我們在大太陽底下跑步時，若只是大量補充水份，忽略了鹽分的補給，很容易引起水中毒，嚴重時更可能導致死亡。因此，在補充大量水分時，可以改喝運動飲料，或是在開水中加入少許的酸梅與海鹽，確實補充鹽分。

❓飯後可以立即跑步嗎？

Q17 大家都說「吃飯後立刻跑步對身體不好」，如果要隔一段時間再跑的話，應該間隔多久比較適合？

A17 飯後30分鐘再開始跑。

飯後立刻從事跑步運動，消化器官最需要的血液會因為運動的關係全都流往肌肉，容易造成消化不良。以全程馬拉松為例，比賽開始前兩小時先用完餐是基本原則。雖然「超慢跑」是溫和穩定的運動，即使飯後立刻從事也不會造成身體不適，不過體質因人而異，建議可以先嘗試看看，確定自己在飯後跑步是否會覺得身體不適。這裡還是建議，若因為時間的關係，你非得利用飯後的時間來從事跑步運動，**最好在進食時只吃八分飽，並盡量在飯後30分鐘再開始跑比較好。**

❓喝酒不跑步，跑步不喝酒

Q18 我很想在晚上跑步，但我習慣在晚餐時喝酒。喝酒後適合跑步嗎？

A18 基本上喝酒後運動是很危險的事情，請勿在喝酒後跑步。

如果想在晚餐後跑步，應避免在晚餐時喝酒。另外不要因為「跑步不能喝酒」而感到痛苦，不妨換個想法：「跑完後喝的啤酒更美味」，等運動結束後再喝，可以讓身體更健康。

好痛！一跑步就痛，難道我不適合「超慢跑」？

Q19 我只要一跑步，側腹部就會感到疼痛，我擔心「超慢跑」也會出現側腹疼痛的症狀，該怎麼辦才好？

A19 **放慢速度，改成走路來舒緩疼痛。**

跑步時側腹部會感到疼痛的原因很多，血液流往肌肉，導致流動於內臟的血液量變少，以及飯後胃部變重，因跑步受到激烈搖晃等等。

飯後消化器官需要血液幫助消化，為了預防側腹部疼痛，應避免在飯後跑步。

由於「超慢跑」運動是一種十分溫和穩定的運動，與一般慢跑運動相較，出現側腹部疼痛的可能性較低。如果真在超慢跑途中突然痛了起來，**建議放慢速度，或是暫時停下來，以走路方式舒緩疼痛。**

走一段路，等疼痛症狀消失後，接下來就要以比剛剛更慢的速度開始慢跑。如果又出現側腹部疼痛的症狀，當天就不要再跑了。運動強度越強就會消耗越多氧氣，因此也越容易出現側腹部疼痛的症狀。

此外，原本就有貧血問題的人，體內處於氧氣不足的狀態，因此側腹部特別容易疼痛。女性很容易有貧血問題，當妳出現氣色很差、手腳容易冰冷、容易疲倦、光是爬樓梯就會心悸等疑似貧血症狀時，請務必就醫，了解自己的身體狀況。

? 鞋不合腳，後遺症不少

Q20 有慢跑習慣的朋友跟我說：「跑步會長繭，腳掌會痛」，我也很擔心自己會不會有一樣的問題。

A20 **請穿襪子，避免肌膚摩擦。**

「超慢跑」運動是一種非常溫和穩定的運動，比起正統的慢跑運動，不太容易產生長繭的問題。

繭是因為當腳趾相互摩擦，或是腳趾與襪子、鞋子反覆摩擦而產生。腳掌之所以會長繭，幾乎都是因為鞋子不合腳，使得雙腳在鞋子裡不斷摩擦所致，因此最好的解決之道，就是穿一雙合腳的慢跑鞋。

此外，為了避免雙腳直接摩擦鞋子，請一定要穿襪子。慢跑專用襪不僅能使腳掌緊貼鞋子，又能吸汗，透氣性也更好，跑起來會比普通襪子還舒服。五趾襪更能避免腳趾相互摩擦，也較不容易長繭。**如果不小心長繭，請務必保持乾淨並貼上OK繃，避免皮膚相互摩擦，使情況更嚴重。**

? 跑到大腿內側擦傷了！

Q21 由於「超慢跑」真的太舒暢，不小心就跑了2小時，沒想到大腿內側因摩擦而變紅，而且還很痛。為什麼會這樣呢？

A21 運動前可先在肌膚上塗抹乳液。

長時間跑步會使皮膚相互摩擦，或是皮膚與衣服摩擦，因而出現擦傷或燙傷般的症狀，原理就跟長繭一樣。

在30分鐘的「超慢跑」運動強度下不會有任何問題，但如果跑好幾個小時，就很容易擦傷。想要避免腋下或大腿內側的皮膚相互摩擦，或是該處的皮膚與衣服摩擦，穿著緊身衣或緊身褲等服貼肌膚的衣物是不錯的解決之道。

剛開始超慢跑運動時，一般人都不知道應該要做多少保護才夠。如果要跑一小時以上，可以隨身攜帶幾片OK繃，以便在可能出現擦傷時做好保護。例如男性的乳頭很容易與襯衫摩擦，長時間慢跑時最好在乳頭處貼上OK繃；女性的胸罩很容易與皮膚摩擦，因此最好換上服貼度較佳的運動內衣，才能避免擦傷。

此外，**運動前可以先在容易摩擦的部位擦上凡士林或潤膚乳液來保護肌膚。**

腿軟了啦，是不是跑太多了？

Q22 稍微勉強自己多跑一點，沒想到晚上竟然因雙腿無力睡不好而失眠。

A22 **走路能促進運動後肌肉的血液循環，消除疲勞。**

從「超慢跑」的觀點來看，應該避免運動過量，但由於真的是太舒暢了，所以一般人總是會不小心就跑太多。

最好的保養之道就是在跑步後**確實伸展身體，做好緩身操，之後如果出現雙腿無力的現象，可以走走路或輕輕跑步。**走路般的動作可以促進運動肌肉的血液循環，較容易消除疲勞。或許你會覺得用走路來緩解跑步後的疲勞很不可思議，但這個方法十分有效，不妨試試。

此外，用泡澡來溫暖雙腿也是可以促進血液循環的簡單方法，泡澡次數不限，可一直泡到身體舒服了為止。

我不跑，因為我不想要有蘿蔔腿

Q23 身為女性，我最擔心的是，長期從事「超慢跑」會不會跑出蘿蔔腿？

A23 **「超慢跑」能帶給妳緊緻修長的美腿曲線。**

雖說超慢跑的運動強度比走路還強，**但「超慢跑」這類十分溫和的有氧運動，並不會練出如健美先生般明顯突出的肌肉。**

而且女性會受到女性荷爾蒙的影響，只要不從事健美這類特殊的肌肉訓練，絕對不可能練出發達粗壯的肌肉。

❓ 胸部太豐滿，跑起來不舒服

Q24 我的胸部很豐滿，一跑步就會晃得很厲害，我很困擾。

A24 **可購買專業的運動內衣來支撐胸部。**

像「超慢跑」這類溫和穩定的運動，比起一般的跑步運動，胸部搖晃的程度會降低許多，如果妳還是覺得不舒服，建議改穿專業的運動內衣，運動內衣可確實支撐胸部，避免運動時激烈搖晃，一般運動用品店都找得到。

❓跑著跑著，好擔心變成大花臉

Q25 汗水會不會讓我的妝都花掉？

A25 **「超慢跑」並不會跑到滿身大汗，請不用擔心。**

一般而言**「超慢跑」並不會跑到滿身大汗的程度**，因此無須擔心脫妝問題。但如果妳很容易出汗，又很擔心脫妝的問題，目前市面上也有適合運動使用、流汗也不脫妝的防水型彩妝。請向化妝品專櫃洽詢。

❓生理期來了也不怕！

Q26 月經來潮時也能從事「超慢跑」嗎？

A26 「超慢跑」反而能讓妳忘卻生理期的焦躁感。

生理期間最好避免從事激烈運動，但像「超慢跑」這類溫和穩定的有氧運動不在此限。**而且「超慢跑」運動可以讓身體放鬆，反而能讓妳忘卻生理期的焦躁感，可說是不錯的運動。**不過，如果有身體不舒服的感覺時，還是不要勉強，一定要好好休息。

第4章
總結

愉快「超慢跑」，就是這麼簡單！

❶ 不用太過度在意場所、時間與跑步方式，**付諸行動去跑比不跑還有意義。**

❷ 無須在意周遭人的眼光。

❸ 配合天氣選擇不同的運動計畫，**一整年都能愉快跑步。**

❹ 雖然不用過度在意飲食問題，但喝酒後千萬不能跑步。

❺ 配合身體狀況跑步，**不要勉強自己。**

❻ 「超慢跑」可以幫妳**解除生理期的鬱悶**，放鬆緊張的情緒，因此只要花點心思，生理期也可以愉快跑步。

第 5 章

7大守則，讓你健康「超慢跑」！

一個、兩個人都能輕鬆跑，
慢慢跑，有秘訣！

訂下目標，讓「超慢跑」成為一種生活習慣

現在，大家應該很清楚「超慢跑」是一種任何人都能從事，且對健康有很大助益的運動吧。但相信大家也知道，不管是多健康的運動，若沒辦法持續實行，將不會有具體的成效。在這一章中，我將與大家分享堅持「超慢跑」的7大守則。

守則1 「再跑一下好了」的想法絕對不能有

許多人認為，努力的同義詞就是「忍受痛苦折磨、堅持下去」。真的是這樣嗎？

明明很想下定決心，堅持下去，但實在太痛苦了，難道真的是因為「自己沒有毅力、無法堅持」嗎？請停止這樣的自我折磨吧，這絕對不是你沒有毅力或無法堅持，你該學著放過自己。

努力就是設立目標，做出成果。

想做出成果，最重要的是持續下去。想持續下去，並不用忍受痛苦、折磨自己。**真正的「超慢跑」運動不會讓你上氣不接下氣，也不需要忍受痛苦，「超慢跑」是輕鬆的。**只可惜，大部分的人只要開始跑，就會陷入「我可以再努力一下」的迷思之中，不斷的挑戰自己，試著再多跑一點、跑久一點，最後就變得痛苦不堪，不想再跑了。

因此，當你的腦子浮現「我可以再努力一下」的念頭時，就立刻甩掉它，別被它主宰了你享受運動的快樂。

當體力有點不堪負荷時，就立刻降低速度。遇到上坡時，就改用走的。

一旦出現「我覺得有點累了，不過還是再跑一下好了。」的想法時，就立刻停止慢跑。**「再一下就好」的想法，不會為你的運動效果加分，反而會讓你的身體感**

到更加的疲累，甚至受傷。即使是極慢速又輕鬆的運動，只要能持續超慢跑，就能讓身體更健康，只要不折磨自己，你的「超慢跑」就能一直跑下去。

Point

超慢跑的態度，你學會了嗎？

1. 稍微覺得吃力痛苦時，就「降低速度」。
2. 上坡時用「走」的。
3. 認為「我可以再努力一下」時就立刻停止超慢跑。

守則2 生活即跑步，跑步即生活

想持續一項運動，不過度勉強自己是相當重要的。

天氣狀況不好時就休息吧！在雨天裡勉強跑步，可能因為淋到雨而著涼，更可能因視線不佳、路面濕滑而造成危險。若因季節關係，長期天候惡劣時，不妨找一個可以在室內跑步的場所，像是各縣市學校或活動中心的室內運動場，或是健身中心，都可以多加利用。

身體不適時請停止「超慢跑」訓練。感冒時，若還是堅持去跑，反而可能使病情加重，導致更長一段時間不能再跑。工作太繁忙時，則可能會因為對工作的掛心，而無法專心跑，這時不妨減少超慢跑次數，或是暫時休息一下。就算暫時停止，只要重新開始就好（請參照守則7）。

如果你是生活忙碌的人，試著將運動融入生活中吧！從現在起，提早30分鐘起床，來個輕鬆的晨跑也不錯。你也可以不必一定要在早上運動。如果你是標準的夜貓子，晚上慢跑也很好。提早30分鐘起床太痛苦，那就提早10分鐘吧，**提早10分鐘出門，背起背包，以跑步代替公車或捷運，跑個幾站的距離也能達到不錯的效果。**再不然利用午休的10～15分鐘，在學校或公司附近慢跑也很有效。

倘若平日真的抽不出時間運動，退而求其次，只在假日慢跑，平時以走路來維持運動習慣也無妨。週末與家人共度，陪小孩一起跑步也是不錯的親子娛樂。

「超慢跑」運動不會讓你大量流汗，只要有空檔就換上慢跑鞋動起來吧！**減少睡眠時間，或犧牲與家人團聚的時光換來的運動習慣是無法持續的**，只要不破壞日常生活習慣，就能輕鬆維持「超慢跑」習慣。

Point

＊遇到下列情況應暫時停止「超慢跑」

❶ 天候不佳時。
❷ 身體不適時。
❸ 工作繁忙時。
❹ 需陪伴家人或朋友時。

＊找出空檔進行「超慢跑」的方法

❶ 善用通勤、上學時間。
❷ 善用午休時間。
❸ 善用與家人團聚的時光。

Notice

用「快步走」代替「超慢跑」的小撇步

很難找出空檔慢跑的人，只要平時走路速度快一點，就能提升運動量。

就當自己在趕時間吧！偶爾擺出小跑步姿勢，也有不錯的運動效果。

但要特別注意的是，如果你穿的是抓地力不足的皮鞋或是高跟鞋，即便只是快步走，也很容易導致雙腳受傷，請務必小心。你可以選擇最近市面上推出的一種可以搭配西裝的休閒鞋，只要穿上這類鞋款，隨時都能力行走路運動或小跑步。不過，最好還是能搭配以速乾布料製成的內衣或T恤，這樣即使稍微流了點汗也不用太擔心。

「超慢跑」是不會大量流汗的運動，因此沒必要跑到滿身大汗的程度，只要稍微滲汗即可。

守則3　為自己紀錄，你會跑得更起勁

雖然我一直強調不要勉強，但如果從頭到尾都不跑步，也不會有任何成果。為了幫助自己在沒有任何壓力的情況下，維持超慢跑習慣，你可以試著紀錄跑步的過程。

你可能會覺得做紀錄很麻煩，「不是只要輕鬆跑步就可以了嗎？」是啊，只要輕鬆跑步就好，不過若能確實做好紀錄，就可以掌握自己的運動狀態。

假設你定下「每週跑3天」的目標，在不做紀錄的狀況下，**很容易因為「我好像前兩天才跑過，今天休息一天好了！」的想法而怠惰下來，一回頭才發現原來已經好幾週都沒運動了。**

只要確實做好紀錄，就能清楚掌握自己什麼時候做過運動，完全不會忘記。留下紀錄的另一個好處就是：

「好棒喔，我這個月總共跑了10小時。」

「我從開始到現在，已經累積跑了超過100公里！」

◎利用日記或日曆做紀錄◎

日	一	二	三	四	五	六
						10/1
10/2 超慢跑 30分鐘	10/3	10/4	10/5 超慢跑 10分鐘	10/6 超慢跑 10分鐘	10/7 走路 20分鐘	10/8 超慢跑 20分鐘 走路 10分鐘
10/9 超慢跑 30分鐘	10/10 雙十節	10/11	10/12 超慢跑 30分鐘	10/13	10/14 超慢跑 30分鐘	10/15
10/16	10/17 超慢跑 10分鐘	10/18	10/19 走路 20分鐘	10/20 超慢跑 10分鐘	10/21	10/22
10/23 走路 20分鐘	10/24	10/25 超慢跑 10分鐘	10/26	10/27	10/28	10/29 超慢跑 10分鐘
10/30	10/31 走路 20分鐘					

這種紀錄會讓人產生極大的成就感，也是繼續下去的最佳動力。此外，做紀錄還能幫助你了解運動到底為你帶來多大的好處。

「我最近突然覺得肩膀好僵硬，查了紀錄才發現，這一週竟然只跑了1次而已。記得4月份時我一週跑4天，跟現在比，那時候的身體狀況好像比較好耶！」

像這樣掌握自己的運動狀態，相信你會跑得更起勁。

「紀錄真的好處很多，可是，我常常會忘了記錄，怎麼辦？」

很簡單，在運動結束時，立刻用最簡單的方式做紀錄即可，比如說先記錄在便條紙上。如果抱持著「待會再做」的想法，很容易就會忘記。**為了確實做好紀錄，內容一定要越簡單越好，例如寫下跑步日期與時間或距離。**

在筆記本或日曆上用螢光筆特別圈記，寫上「超慢跑30分鐘」之類的內容就可以了。先寫下最簡單的紀錄，之後再以電腦輕鬆統計。累積了一定的紀錄量之後，有空時利用Excel製作圖表，也能增添生活樂趣。

Point

記錄「超慢跑」的小祕訣

❶ 運動完後立刻紀錄。

❷ 簡單寫下跑步內容。

❸ 利用平常會使用到的筆記本或日曆即可。

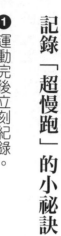

守則4 一個人跑很輕鬆，二個人跑更愉快

許多從事社團活動的人都表示：「參加社團的目的就是為了聚餐。」運動也是同樣的道理，結交可以一起超慢跑的夥伴，相互交流，自然就能持續下去。即使暫時休息一段時間，只要維持「跑友」之間的友誼，就能受到同好的影響，重新投入超慢跑運動。或許你會認為：

「話雖如此，但要結交運動同好不是一件簡單的事。」

建議大家可以先從身邊的朋友開始詢問起，或是透過社群網站，**如果剛好有慢跑或走路運動的愛好者所組織的社團，就趕緊加入吧！不一定要一起跑，透過網路的相互打氣和經驗交流，也是一種向上的力量。**

「我今天跑了30分鐘。」

「你好堅持喔，真有毅力！」

這樣的交友方式輕鬆又愉快。有些網站還提供貼心服務，只要輸入跑步紀錄就

能自動產生圖表，幫助你輕鬆掌握運動狀態。

但千萬不要抱著與其他人比較，看誰跑得比較快或跑得比較多的心態，這不是你該在意的事，**要對自己一路堅持下來的毅力，以及持續慢跑的成績感到自豪，並與夥伴們一起分享喜悅。**

守則5 週年慶血拼的體力，就交給「超慢跑」吧！

無論面對任何事情，只要設立了目標，就會有持續下去的力量。但最好不要設立「我要在〇〇分內跑〇〇公里」這類目標，以免產生「我努力了這麼多，卻一直不見成效」的想法，反而不想運動。

最好的目標不是「想達成的效果」，而是「努力的量」。例如：「一週跑3次以上，每次30分鐘。」「以量為目標」時，只要有心就一定做得到。利用「超慢跑」運動確實增強腰腿的力量之後，你會漸漸發現，即使長時間走路、逛街，也一點都不感覺吃力。

不妨設立「登上玉山山頂、欣賞阿里山神木、漫步在竹圍濕地上欣賞保育的紅樹林植物」等旅遊目標，為了盡情享受唯有走登山步道才能親眼見證的自然美景，就能鼓勵自己堅持下去。

「我要增強體力，去週年慶時才有力氣血拼！」以此為目標也很有效。

「超慢跑」不是競速運動。不過當你養成習慣後，不妨踴躍參與馬拉松大賽。參加馬拉松大賽時不要與其他跑者競爭速度，而是以「跑完的距離」為目的，鼓勵自己跑完5公里或10公里。當你拿到寫著自己姓名的完跑證書時，那種喜悅的心情是言語無法形容的。**許多平時沒有運動習慣的跑者，在跑完馬拉松大賽之後都會相當感動。**習慣「超慢跑」的運動模式之後，跑完10公里的目標再也不是遙不可及的夢想。

- **馬拉松大賽相關訊息活動網站：**

中華民國路跑協會─http://www.sportsnet.org.tw/（2011年11月網路資訊）

Point

設立目標的祕訣

❶ 不要以成果為目的，以「努力量」為目標。

❷ 具體數字不重要，確實的完成超慢跑才是重點。

守則6 給自己3週的時間

人只要遇到自己喜歡或是有趣的事物，即使難度高，也會努力去做。從事自己體力能負荷的運動，真的是一件十分暢快舒服的事情。**如果你很喜歡超慢跑，而且積極投入，它將會成為你一輩子都能從事的運動。**

不過任何事總有感到倦怠的時候，如果突然覺得對超慢跑的興趣已經沒那麼濃厚時，該怎麼提升對超慢跑的興趣呢？關鍵就在於，隨時記得「超慢跑」帶給你的好處。例如：

「減肥失敗了好幾次，這次終於成功了！」

「爬樓梯時，終於不會氣喘如牛了！」找到越多能滿足成就感的驚喜改變，自然就會越想持續下去。

要展現運動成效，首先需設定清楚明瞭的指標。想要減肥的人，就要確實記錄體重與體脂肪，如果發生肌肉痠痛或其他身體狀況，也要記錄在本子裡，方便日後掌握身體變化。

其次，獲得身邊親友的認可也是很重要的因素。主動積極地向家人與朋友說明自己目前正在做什麼事吧！這個舉動還有另外一層意義，**因為向他人宣示決心，可以避免自己打退堂鼓。**

除此之外，想要實際感受到成果，偶爾「勉強自己」也很重要。雖然我強烈反對設立絕對無法達成的計畫，勉強自己全心投入的行為，但也不能因為這樣就設立「花十年慢慢達成」的輕鬆目標，毫無難度的計畫反而容易半途而廢。隨著時間流逝卻遲遲看不見成效，會慢慢消磨一個人的鬥志而難維持下去。

下定決心從事超慢跑之後，剛開始不妨稍微努力一點。每個人的身體狀況不同，至少運動3週就可以看到身體的改變，再者則需要三個月左右。只要稍微努力，**你一定也能達成1～3個月的超慢跑運動計畫。當你見到成效後，自然會想要維持下去，久而久之就能養成習慣。**

Point

堅持超慢跑，這樣做就對了！

❶ 設定目標，隨時為自己紀錄跑步的過程。

❷ 向家人或朋友報告成果，可以獲得更多信心與讚賞。

❸ 給自己3週的時間，你可以感受到身體前所未有的改變。

守則7 別怕，隨時都能重頭來過

相信很多人都有下定決心每天晨跑，卻維持不到一週就以失敗收場的經驗。抱持著「每天都要做」的想法硬逼自己時，只要一天沒做到就會產生挫折感。此外，每天運動很容易造成運動傷害，所以我不建議天天運動。根據第3章介紹的美國運動醫學會《運動測驗與運動處方指引》內容，每週最好有2天的休息日，因此每週3～4天的輕鬆目標是最合宜的標準。

話說回來，即使再怎麼合宜的標準，難免還是會發生一週完全沒慢跑，或是工作太忙，一回頭才發現一個月都沒運動的情形。

「唉，我果然沒有毅力堅持下去」遇到這種情形時，你會選擇就這麼放棄？還是——

「哎呀！原來我有一陣子沒跑步啦！好吧，重頭再來吧！」重新展開運動計畫？

能持續運動與無法持續運動的關鍵就在這個想法上。我也曾經因為身體不適，暫停了好幾個月的慢跑，不過那只是暫時中斷而已，身體逐漸康復後我又重新開始超慢跑，慢慢地回復到與過去相同的運動強度。

因故沒有持續下去，也請想成這只是暫時休息，只要再重新來過就好。**維持身體健康，輕鬆活動身體，真的是一件相當開心的事情，所以，為了享受自己的人生，請開始維持「超慢跑」的運動習慣。**

第5章
總結

維持「超慢跑」的七大秘訣

❶「再跑一下好了」的想法絕對不能有
❷生活即跑步，跑步即生活
❸為自己紀錄，你會跑的更起勁
❹一個人跑很愉快，二個人跑更有趣
❺週年慶血拼的體力，就交給「超慢跑」吧！
❻給自己3週的時間
❼別怕，隨時都能重頭來過

後記

關於「超慢跑」運動的一切，我已經全部介紹完畢，你是否也心動了呢？沒有親身體驗過，就無法實際感受暢快感與運動成效。無論是接受本書論點的讀者，或是懷有疑慮的讀者，都歡迎你親身體驗一次。

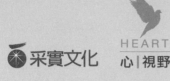

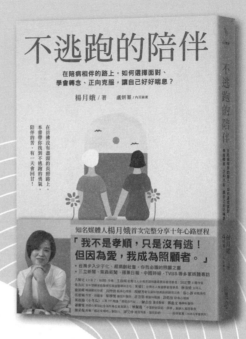

核心逆齡節拍超慢跑

徒手慢養好肌力，幫你去油肚、解疼痛、降三高、增加骨密度與代謝力，抗老化擺脫肌少症！

徐棟英 著

【上班族、中年&銀髮族遠離肌少症，「溫和又有效」的居家運動】
免輔具、不受場地限制「徒手練核心」x不傷膝蓋的「節拍超慢跑」，降血脂血糖、睡得好、體力佳、改善行動力，預防肌少症、癌症病友都能練，還可延緩失智！

每日好D【實踐版】

江坤俊醫師的日日補D計畫，幫你找回身體不足的維他命D、抗癌護健康

江坤俊 著

90%的現代人，嚴重缺乏維他命D？！
癌症、糖尿病、常拉肚子，都和維他命D有關？
讓研究維他命D十年的江坤俊醫師，帶你找回這個過去被低估的營養素！

日日食療

中醫師精心設計42道療癒身心的對症家常菜

陳峙嘉 著

惱人的小症頭，家常菜就能緩解！
解決肩頸痠痛、偏頭痛、便祕、尿床、頭髮花白……
由內到外的體質問診室x40道對症家常菜，
中醫師幫你從內調整，用食物找回失序的平衡。

HealthTree
健康樹　健康樹 013

驚人的超慢跑瘦身法（修訂版）

日本科學大發現：減重＋活腦！「燃燒熱量」是走路 2 倍！

ゆっくり走れば健康になる－超スロージョギング入門

作　　　者　梅方久仁子
譯　　　者　游韻馨
美 術 設 計　張天薪
插　　　畫　俞家燕
行 銷 企 劃　蔡雨庭・黃安汝
出版一部總編輯　紀欣怡

出　版　者　采實文化事業股份有限公司
業 務 發 行　張世明・林踏欣・林坤蓉・王貞玉
國 際 版 權　施維真・王盈潔
印 務 採 購　曾玉霞
會 計 行 政　李韶婉・許俽瑀・張婕莛
法 律 顧 問　第一國際法律事務所　余淑杏律師
電 子 信 箱　acme@acmebook.com.tw
采 實 官 網　www.acmebook.com.tw
采 實 臉 書　www.facebook.com/acmebook01

I S B N　978-986-5683-59-7
定　　　價　280 元
初 版 一 刷　2012 年 1 月 12 日
改 版 一 刷　2015 年 8 月 13 日
劃 撥 帳 號　50148859
劃 撥 戶 名　采實文化事業股份有限公司
104 台北市中山區南京東路二段 95 號 9 樓
電話：(02)2511-9798　傳真：(02)2571-3298

國家圖書館出版品預行編目資料

驚人的超慢跑瘦身法／梅方久仁子原作；游韻馨譯 -- 初版 .-- 臺北市：采實文化，民 101.01
面；公分 .--（健康樹系列；013）
ISBN 978-986-5683-59-7（平裝）
慢跑 2. 運動健康

528.9469　100022794

超慢速！

小小步地

像烏龜一樣

愉快
跑步吧！